アグネ承風社サイエンス　010

LGBTを語るなら、コレは知るべき現場のリアル

吉 美（中根 元美）

特定非営利活動法人日本セクシュアルマイノリティ協会　理事長・設立メンバー
一般社団法人CialFrame（シャルフレーム）　代表理事・設立メンバー

はじめに

ＬＧＢＴの人にお会いになったことはありますか？　ＹＥＳの方も、ＮＯの方も両方いらっしゃると思います。実際、ＬＧＢＴ当事者の数は決して少なくありません。「ＮＯ．会ったことはない」という方でも、ほぼ１００％に近い確率で出会ったり、コミュニケーションを取ったりしているはずなのです。理由は本書の中にあります。なお、ＬＧＢＴとは、レズビアン・ゲイ・バイセクシュアル・トランスジェンダーの頭文字を取ったもので、いわゆる性的少数者の総称として使われるケースが多い言葉です。

本書は、ＬＧＢＴに関わるすべての方、学んだことのある方、これから学ぼうとしている方に「副読本」として活用いただけると思います。マイノリティ（少数派）もマジョリティ（多数派）も関係なく、今この世界に生きているすべての人が、安心して笑顔に包まれた人生を歩めるように、他者を慈しみ、自分を愛して、それぞれの違いや個性を尊重し合うためのヒントとなれば嬉しいです。

私たちは、ＳＤＧｓの取り組みも含めて、ＬＧＢＴが世の中のスタンダードになっていくことを目的として、長年活動をしてきました。そのため、様々な企業や個人が正しい知識を身に付け、関わるすべての人が心地よく対応ができるように、その輪を広げていきたいのです。

本書を読まれる方の中には、ＬＧＢＴ当事者の方もそうでない方もいらっしゃると思います。私自身はＬＧＢＴ当事者として活動はしていません。客観的に見て「結婚していて子どもがいる」からです。けれども、「結婚して子どもがいるからＬＧＢＴ当事者ではない。」という保証はありません。また、ＬＧＢＴ当事者でないから「すべての性が安心して暮らせる社会づくり」に参加できないわけでもありません。当事者でないからできることもたくさんあります。そして「当事者でないから困らない。」ということもありません。

性的マイノリティ、いわゆるＬＧＢＴと言われることが多い、多様な性に関する課題を「みんなが関わっている」と、身近に感じていただくために、私の子どもの幼稚園時代の話を紹介させてください。

一つ目、上の子の時の出来事です。信頼していたママ友に「いつも忙しそうだけれど、何をしているの？」と聞かれたので、「ＬＧＢＴに関わる支援活動をしている」と答えると、次の日から挨拶をされることは無くなりました。（端的に表現すると無視されるようになりました。）ＬＧＢＴ当事者でない私でも、こういうことは頻繁にありました。

二つ目、下の子の時に、何度もあったのですが、同様に、何をしているか聞かれ、ＬＧＢＴに関わる支援活動をしていると伝えると、「ＬＧＢＴってなあに？」と問われ、色々と話をしました。すると「人のために頑張れるってすごいね。吉美ちゃんの事も、ＬＧＢＴの事も、子どもと一緒に応援するね。」と答えてくれたのです。その後はテレビや新聞でＬＧＢＴの話題がでると、「〇〇ママ（吉美）の活動だよ、すごいね。皆が良くなるように応援しようねって、子どもと話したよ。」という連絡をくれるママ友が増えました。LGBT当事者ではない私にできる啓発活動の一つです。

そして、わが子がLGBT当事者でない保証はどこにもありません。大変失礼な表現ですが、「LGBT理解は大切だけれど、どこか他人事」と捉えている方に、少しでも自分事としてお考えいただきたいのです。LGBTに関して正しく知ることは、多くの人にとって大切なことなのです。

この本は、既に性的マイノリティについて学ばれた方にも、これから学ばれる方にも是非一度、目を通して頂きたい内容になっています。なぜなら、日本でこのような団体が無かった時代から活動を続けてきた私たちの創立メンバーだからこそお伝えできる内容をまとめました。正しい知識として掘り下げることは他に委ねますが、読後には、変化していく用語や環境に振り回されることなく、性的マイノリティと向き合える自信をお持ちになれるのではないでしょうか。

例えば、「ホモ」という単語は、差別用語だと聞いたことがありますか？　もちろん、それは常識だとおっしゃる方も多いでしょう。では「ホモセクシュアル」はどうですか？　いまや、性的マイノリティ（LGBTやLGBTQとする表記が多い）の認知度は高まっていますので、いつかは学ぶ必要がある、もしくは、学ばずとも性の多様性は当然であると偏見なしに捉えている方もいらっしゃるでしょう。また、もう十分に学んだと認識されている方も増えたように感じます。けれども、17年間、性的マイノリティに関する事柄と日々向き合い、多様性が当たり前となる社会に向けてどうしたらよいのかを考えてきた私としては、学びは終わりません。事実、性的マイノリティに関する用語は1年を待たず変化していきます。

本書をお読みになられる方には、日本の性的マイノリティを取り巻く環境の変化・歴史の一つとして、様々な側面や事実があったと知っていただくことで、「軸」を学ぶきっかけや、すでにお持ちの知識や経験の肉付けとして、これからの性的マイノリティの環境や多様性の促進に繋げていただければ幸いです。

以降、性的マイノリティの総称として、ＬＧＢＴという表記を用います。用語が意味することの変化が著しいため、誤解を招かないようＬＧＢＴＱやＬＧＢＴＱ＋という表記は用いず、より多くの方がご存じのＬＧＢＴにしております。また、本質がブレないように、伝わりやすさに重きを置いている部分があります。必ずしも２０２１年現在に正しいとされる表現を選択しない場合がありますので、要領を得ないと思われるかも知れませんが、ご了承いただければと思います。また不快に感じる場合があるかも知れませんが、ご容赦いただけますようお願い申し上げます。

補足として、本書を読み進めるにあたり、必要な情報を記します。

私が運営しているＮＰＯ法人日本セクシュアルマイノリティ協会は、日本で初めて作られたＬＧＢＴの総合団体であり、支援団体でもあります。そして、そこから一般社団法人CialFrame（シャルフレーム）が誕生しました。私自身と、２つの法人については、この本の最後で述べさせていただきます。

まず大前提として、私たちが活動を始めた２００４年は、「ＬＧＢＴ」という単語を、インターネット上で見つけ出すことはできず、性的マイノリティ及びセクシュアルマイノリティという表現もあまり使われていない時代でした。主に使われていたのは「同性愛者」です。当時、国際団体ＩＬＧＡの日本語訳も「国際同性愛者協会」であり、私たちの活動内容は異なっていましたが、それに倣い、当協会の名前も「日本同性愛者協会（ＪＬＧＡ）」と名付けました。差別的で偏りがあるとおっしゃる方も見受けられましたが、海外派遣歴の長い新聞記者や、海外支援の長い方には、「法人化の正式名称〝同性愛者協会〟は、時代と歴史を感じさせる」と言われてきました。そこから、多様な性、ＬＧＢＴの包括的な支援と団体を作り上げることをめざし、「日本セクシュアルマイノリティ協会」と名付けました。今もそうですが、言葉が定まっていない時代であり、皆さん、どうすべきかと悩み、検索するキーワードも思いつきませんでした。ですから名称は、「探しやすい」「わかりやすい」ことが大切だったのです。そして「すべての性に、ひとりじゃない安心を」という理念を掲げ、15年間１つの組織（一般社団法人セクシュアルマイノリティ協会）で取り組んでまいりましたが、時代と共に、私たちも変化しました。活動領域を精査し、より安心で価値のあるものにするため、法人を2つに分けたのです。ただ、現在に至るまで、軸にしているものは変わらず、「安心」と「中立」です。

つまり、当初は、「総合団体はもちろん、規模を問わず、インターネット上では団体やグループを見つけ出すことができず、支援団体も皆無と言っていいほどであった時代」ということを念頭に読み進めていただければ違和感がなく、さらに、２０２１年の今なら、新しい発見があるのではないでしょうか。

日本におけるＬＧＢＴを取り巻く環境は急激に進歩し、本格的な取り組みが始まってから、まだ数年しか経っていないことがご理解いただけるかと思います。

私のように、ＬＧＢＴ当事者ではないけれど、このようにＬＧＢＴに関わり、真剣に活動をしている人はいます。多くの人が関わり、ＬＧＢＴを含めたすべての人が安心していられる共生社会を実現するために、この本の内容が、お役に立てば幸いです。

２０２１年９月30日

吉　美

— 目次 —

第1話
そもそもLGBTとは何なのか

◇わたしも当てはまるSOGI（ソジ）という考え方

この考え方は、多く目にしますので、本書では、概要のみをお伝えします。気になる方は一度しっかり学ばれることをお勧めします。基本的な情報はインターネットでも、他の書籍でも学ぶことができますが、情報が偏っていたり、誤っていたりする可能性もありますので、ご注意ください。

ＳＯＧＩとは、「Sexual Orientation & Gender Identity」（セクシュアリティ　オリエンテーション　アンド　ジェンダー　アイデンティティ）の頭文字をとった言葉です。日本語では「性的指向と性自認」と言われています。すべての人が、自身の性的指向性を考えることで、性の在り方を認めることに繋がります。また、最近、新しい言葉が生まれてきているようですが、言葉だけを追いかけると本質を見失うので、必要に応じてお使いください。

そして、ＬＧＢＴは性的マイノリティの総称として使われることが多い言葉です。まず、４つの性の在り方を表しており、Ｌはレズビアン（女性同性愛者）、Ｇはゲイ（男性同性愛者）、Ｂはバイセクシュア

LGBTって知っていますか？

L	レズビアン
G	ゲイ
B	バイセクシャル
T	トランスジェンダー

「LGBT」 とはレズビアン、ゲイ、バイセクシュアル、トランスジェンダーの頭文字をとった表現です。
「LGBT」という言葉は、性的マイノリティの総称として使われることが多い言葉ですが、すべての性的マイノリティが、レズビアン、ゲイ、バイセクシュアル、トランスジェンダーに当てはまるわけではありません。

ル（両性愛者）、Ｔはトランスジェンダー（出生届上の性と、自分が認識する性に違和感を感じる人）の頭文字を取ったものです。この４つの言葉だけの意味のまま使われることもありますが、多くの場合は「総称」として表記されています。また最近では、ＬＧＢＴＱという言葉を見聞きする人もいると思います。「Ｑ」の意味も「クィア」「クエスチョニング」など複数あり、「ＬＧＢＴ」は知っていても、「Ｑ」は知らない方も居ます。どちらも正解で、間違えているわけではありません。また歴史的な背景から「Ｑ」を付けることを好まないＬＧＢＴ当事者もいらっしゃいます。

余談になりますが、ほんの少し前まで「ＬＧＢＴ」の説明をするときは、「一般的な性の在り方に当てはまらない人（性的マイノリティ）の総称」としていました。以前は「性的マイノリティ」が何か知らない人がとても多かったのです。今は「一般的な性」が「男」と「女」だけではないという認知が広がったため、表現の仕方が変わっています。

◇約10人に１人がＬＧＢＴ

私たちの調査によると、９・８％がＬＧＢＴ当事者というデータが出ています。これは、２０１６年から２０２０年の４年間の調査結果です。算出したのは、誕生日会や講演会、バーベキュー、勉強会や交流会など、特にLGBTをターゲットにしていない会合において、当団体の人間にカミングアウトされた人の数で、他では一切公表していない方もいらっしゃいます。

このデータでは約10人に1人が該当します。日常生活において、名刺交換を10人としたら、面接を10人としたら、その内1人はLGBT当事者ということになるのです。

なぜこんなにカミングアウトが起こるのかと聞かれたことがありますが、「話しても大丈夫」という信用を得たからだと思っています。ほとんどの場合が、初対面です。

先日、LGBT基礎理解検定〈上級〉を受講（取得）された方が、会食の場で話題にあげたら、取引先社長から突然のカミングアウトを受けて驚いたそうです。（カミングアウトとは、LGBT当事者であると、本人自ら周囲に伝えること）

つまり、見えないマイノリティと言われるLGBTは、見えないだけで実際に身近にいらっしゃいます。

◇インターネットで調べて出てくる情報とリアルな現場の声

残念ながら、LGBTについての文章は、権威ある方でも、かなり表面的な学び、もしくは人から聞いたまま調査をせずに、あるいは想像（予測）で書かれていることがあると感じられ

※LGBT当事者の中には、当事者とわからないよう少しでも、LGBT関連から遠ざかる人もいます。

ます。とくにインターネット上で顕著です。間違えた表現や知識ながら、しっかりした媒体ですと、いかにも正しく感じられ、現実をよく知らない人は、鵜呑みにしてしまいそうです。当事者の方は経験があると思いますが、マイノリティが身近にいるからと理解したふりや理解しているような態度をとられると、逆に全く理解されていないと感じ、悲しく傷つく体験をしたことはありませんか?またそのような声を聞いたことがある方もいらっしゃるかも知れません。

調べて出てくる情報と、リアルな現場のギャップに非常に困っているという声があります。悪い事ではないと思いますが、どうしても話題性を求められ、記事やニュースに取り上げられるからです。別の話題で説明しますと、海外の発展途上国の情勢や、環境に関する話題など、発展途上国ではすべて同じ課題があるのかというと、その地域によって違いますし、環境も同じです。ニュースではこれらの情報の一部分をかいつまんで受け取ることができます。そうして受け取った後は改めて、自分自身で多角的に視点を変えて調べたりしっかりと学んだりする必要があります。ＬＧＢＴの状況も同じです。例えばお手洗いの問題もそうですし、婚姻関係の問題も同様です。わかりやすく言えば、いわゆる異性同士のパートナー(夫婦)の数だけ家族間の状況があるように、同性同士のパートナーの家庭は、すべて同じ課題を抱えているとは限らないのです。

ＬＧＢＴを取り巻く環境は、法整備が整っておらず、様々な課題があり改善されるべきことが多いのも事実です。しかしすべてのＬＧＢＴ当事者が、世間でよく知られるお手洗いの問題に頭を悩ませているのか、婚姻関係の問題で悩んでいるかというと、そうとは言い切れません。誤解なきようお伝えしたいのは、お手洗いの問題は解決するべき課題ではない、と言っているわけではありません。また、正式に婚姻関係を結ぶことができない現在を、良いと言っているわけでもありません。話を発展させれば家族との確執がない人が多いと言っているわけでもありません。

ただ基本的に「必ずしもみんながそう思っているわけではない」ということを理解していただきたいのです。むしろ、「自分は偏見を持っていない」、「自分の周りでは〈普通〉」と捉えている人の方がある意味では問題なのです。

日本において、２０１５年から同性婚は認められたと考えている人は、ＬＧＢＴ当事者にも、当事者以外にも一定数います。また、パートナーシップ制度は、それを進めている自治体に行かねば結べないと思っている人は非常に多く、その自治体に行けば様々なことがクリアされると過剰な期待をしている人も多くいます。

「好き」の反対は「嫌い」ではなく、「無関心」という言葉を聞いたことがあるでしょう。ＬＧＢＴに関する認知度が上がり、好意的に感じ、また、多様な性があると認識する人が増えた今だからこそ、多種多様な立場の人が、「リアルな現場の声」を聴いて「正しい学び」の必要性を感じ、本当に必要なことはなんであるのかを考えていただきたいと思います。

別の例を挙げてみましょう。

ＬＧＢＴの環境改善のための「法制度」があります。法制度は施行されてから利用者が増えていくわけですから、すぐに利用者がいるわけではありません。そして法整備は、改善の取り組みを後押ししてくれることは間違いありません。

しかし、陳情書が元となり、自治体としてパートナーシップ条例を制定した結果、陳情書を出した人も含めて誰も利用者がいない状況である。という声を聞き、何とかなりませんかとご連絡をもらうことがあります。また企業で、専用のお手洗いと更衣室を用意したけれど、従来通りの環境の方が、意見を出した当事者ご自身を含めて「使いやすい」ということで、結局今までのお手洗いと更衣室を使っています。というような声も現実としてあります。

これは一つの結果論ですから、「まだ結果が出ていない」ものは、後で答えが出てくることも往々にしてあります。実際には環境を変えたり、対応したりしたことで、直接、役に立ち、良い環境になっている事例も多くあります。また、一見「意味がなかった」というような制度や、環境改善も、時間がたてば利用する人が増え、意外な形で大きく役に立つということも考えられます。

こういったことは、必ずしも同じ正解はないので、やってみてわかることと、やってみないとわからないことがたくさんあります。前回はこれでよかったけれど、次回は違うかもしれない。そういう可能性があるのを、ぜひ知っていただきたいですし、一朝一夕で変化の答えが出するものではないので、試行錯誤と前進を諦めないでもらいたいのです。

事実として、本当に一歩一歩進み、当事者が当事者として声を上げるけれども多くの人がそれを活用できていないという現実を踏まえて、環境を整えてもそれが生かされるためには少しタイムラグがあるということを承知いただきたいのです。

結果をすぐに出す必要のあるビジネスの観点で、ＬＧＢＴに関する取り組みをした場合、すぐに結果が出ないと、その取り組み自体を継続していく事は難しい部分もあるかもしれません。しかし実際の現場と世の中の進み具合にはズレがあるということを認識していただければ、無駄だったという感覚ではなく、継続して取り組んでいただけるのではないでしょうか。

日本はＬＧＢＴ、ジェンダー平等に関して後進国であることは多くの人の知るところだと思います。女性活躍とＬＧＢＴに関する取り組みの違いは、考え方によっては大きな差はないのかもしれません。

国連の提唱するＳＤＧｓにもありますが、持続可能な努力目標の一つにジェンダー平等があります。繰り返しになり恐縮ですが、ＬＧＢＴのリアルな現場というのはメディアやインターネットで書かれている内容よりは遅く進んでいる部分があり、人々が制度を活用するのはとても慎重で、浸透するのにタイムラグがある場合もあるということを理解していただきたいです。そして矛盾するようですが、日本においてもかつてないスピードで環境が整ってきていると感じています。

またインターネットで出てくる情報は、個人の見解や体験談で、何かを意図的に作ろうとして発信している場合があります。もし本格的・本質的に何かの取り組みをしたい、多様性に富んだ共生社会実現のために、ご自身が何か活躍したい、関わりたいと思われるのであれば、よくその真偽のほどを見極めてください。

今現在は、非常にセンシティブであるといわれることもある、ＬＧＢＴを取り巻く環境下で、ご自身も、大切な人も守ることに繋がります。

◇隣人はＬＧＢＴかも知れない

あなたの同僚がＬＧＢＴ当事者かもしれないと考えたことがありますか？

「ナイナイ絶対ない。だってあの人結婚しているし」

「ナイナイ絶対ない。だってあの人子どもがいるもの」

「ナイナイ絶対ない。だってあの人すごくモテるもの。同性に走る必要ないもん」

（よく聞く言葉ですが、この場合の「あの人」という言い回しは、アウティング・意図せず秘密を暴露するのとは違い、自分の周りにＬＧＢＴ当事者は居ないという根拠を示しているだけです。）

ＬＧＢＴに関わる側からは「そんな風に考える人いるの？」という声も上がります。

ただ私たちは、多様性に富んだ共生社会の実現のために、興味を持たない人にも関わっていただく必要があると考え、いろいろな方とお会いしてます。

私個人としては、社会を無理なく変えるために、一人でも多くの、あまり興味を持たない、もしくは好意的ではない方々に、正しく学んで知識を深めて頂き、架け橋になってもらえればと考え行動しています。

そういったとき、前述のような「ナイナイ絶対ないよ。少なくともここにはいない」という反応があるのです。

私の前には、カミングアウトしていないＬＧＢＴ当事者がいて、私と目が合っているのに、周りの人たちは気づいていないのです。仕方のないことだとは思いますし、カミングアウトしない方の多くはそれを受け入れていることも、往々にしてあります。

しかし、それはこれまでの話です。現在は、日本でも、多様な性・ＬＧＢＴは身近なものだと考えるのが自然であるという社会に変化してきています。

実際、ＬＧＢＴ当事者は本当にたくさんいらっしゃいます。なぜ見えないのかというと「わざわざカミングアウトしない」「人に言うまでもないと思っている」からです。もちろん、理由はこれだけではありませんが、この段落では、「ＬＧＢＴはいない」と言われる人に焦点を当ててお伝えします。

考えてみてください。例えば、あなたが青森県出身だったとして、「私、青森県出身なんです」と、言って歩くでしょうか。例えばあなたが中華料理を好きだったとして、わざわざ「私、中華料理が大好きなんです」と毎回自己紹介をするでしょうか。しませんよね。

私たちは長年ＬＧＢＴを取り巻く環境改善に関わってきたので、ひと目見てこの人はＬＧＢＴ当事者だな、と感じることが良くあります。もちろん、１００パーセントとは言い切れません。あくまで経験と、この話題の趣旨を補完する表現としておりますことをご了承ください。

また日本において非常に長く取り組み支援を続けている私たちですから、リアルな生活環境では信頼してこっそりカミングアウトをしてくれる、そんな人もたくさんいるわけです。

また、私たちでなくても、カミングアウトを正式に受けると、「ドキッ」とする出来事があると思います。本書を読まれている方の中には、この「ドキッ」をすでにご経験されたり、どう対応していいかわからず苦悩されて職場を変えたり、学校に行けなくなったりした方もいるかもしれません。もちろんカミングアウトした当事者にも起こりえます。これは事例に基づいた話であり、カミングアウトが自然に行える環境が望ましく、その環境づくりに努めております。

例えば、私がビジネス交流会や友人のパーティーなどで、ＬＧＢＴの支援団体の代表をしているということを伝えると、今でも極まれに「君みたいな人がいるから、世の中おかしくなる」とその場で怒りだしたり、「僕そういうのはいいです」といって名刺を戻してきたりする人がいます。

Kさんはとても素敵な人
でも、
恋人は異性と言っていた。
きっとKさんはヒミツにしたいはず。
知ってしまった自分は
どうすれば良いの？

ＬＧＢＴが苦手、好きじゃない、ということは仕方がないことだとも思います。それは子どもや、お年寄りが苦手な人がいますし、ジェンダー平等は大切ですが、女性が苦手な人、男性が苦手な人もいて、それと同じことだと思うからです。視野を広げてみればＬＧＢＴに関わる生活環境やお仕事、学習環境というのは特別なことではないということがご理解いただけるのではないでしょうか。

第2話

2005年頃、日本にLGBTという言葉が一般的でなかった頃

◇2014年でも「すべての性」と言い切っていた団体は1つだけ

LGBTという言葉が一般的ではなかった頃に関しては、時代の感覚をつかんでいただけるとよいでしょう。今、多様性というものの理解がどんどん進んで、数多くのものの線引きが明確ではなくなりつつあります。LGBTもそのうちの一つです。人の在り方も、性の在り方もグラデーションと表現できますが、私は個人的に、このグラデーションも以前に比べて、色が重なり合う部分や濃淡などにも変化があると認識しています。

2014年に大手広告代理店が、LGBTについて調べた時に、LGBT当事者とそうでない人との区切りなく「すべての性」と言い切っていた団体は、日本セクシュアルマイノリティ協会(現在のNPO法人日本セクシュアルマイノリティ協会と、一般社団法人シャルフレーム)だけだったそうです。つまり、当事者団体でありながら、LGBTだけに注目するのではなく、今で言う「SOGI(ソジ、当時から考え方はあった)」という視点で、すべての性に安心な環境づくりをしていたのですが、2021年の今、性の在り方に関する垣根がない世代にとって、またLGBTの人権獲得活動に関わっていない人からすると、「そんなに最近の変化だったのか」と、感じてもらえると思います。

また、ここ数年のLGBTの環境こそが当たり前だと、意外に感じるかもしれません。聞い

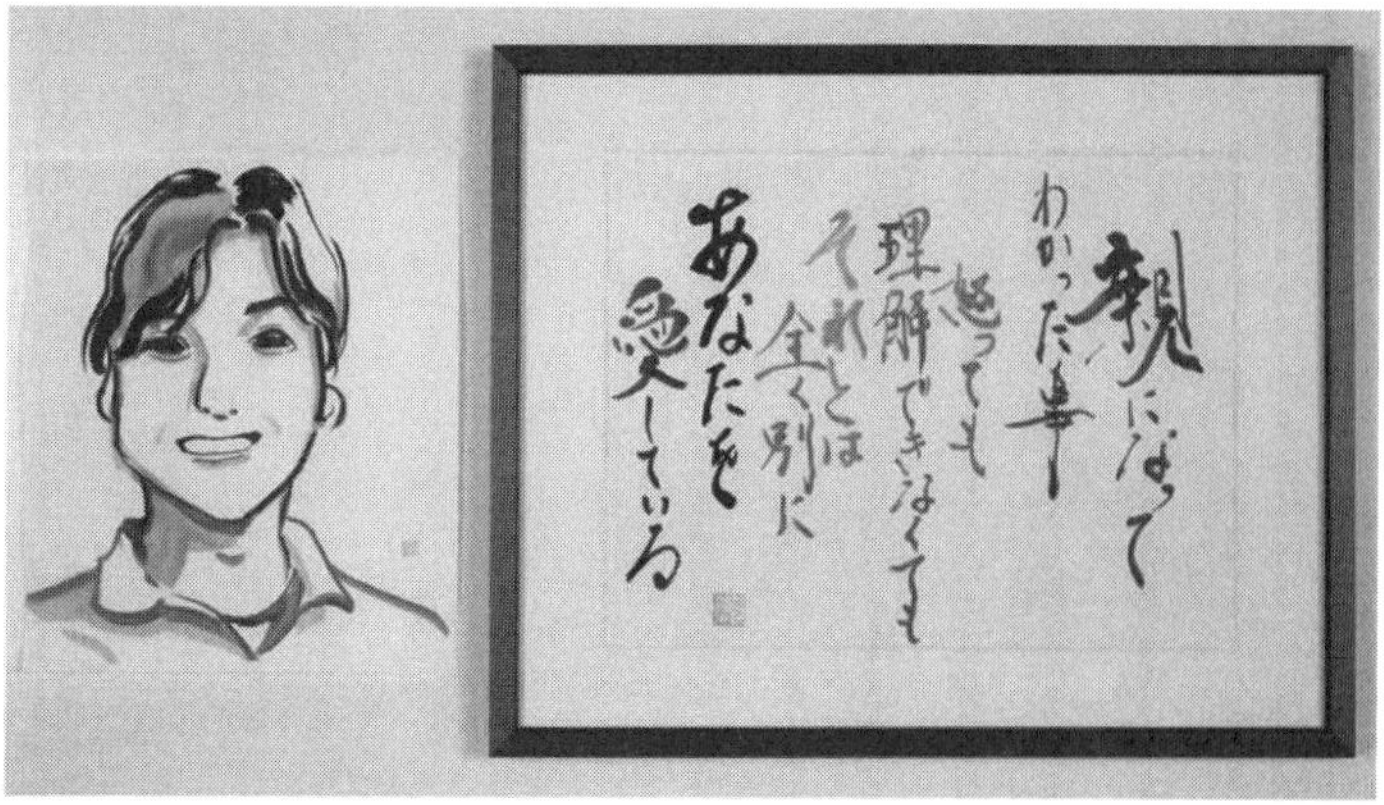

さまざまな愛の形

先生からの嬉しい一言「笑顔がいいですね！」笑い顔を褒められることは、自身が嬉しいと思っている気持ちを、先生も喜んでくれている気がしたので。

Yoshimi / photo

たことがある方もいると思いますが、ＬＧＢＴとＬＧＢＴじゃない人、という分け方の他に、「Ｌ」「Ｇ」「Ｂ」「Ｔ」を一括《ひとくく》りにすることは、全くできませんでした。実際に、「平等に扱おうとすることは差別です」と、言われたことがあります。この言葉の意味は奥深く、必要な考え方の一つであり、日本のＬＧＢＴを取り巻く環境の変化の側面として捉《とら》えてください。

◇「ＬＧＢＴ」は一枚岩ではない

誤解を招きそうな小見出しを付けてしまいました。

しかし、正しく学んで経験されれば、納得の表現でしょうし、またこの小見出し自体が、ＬＧＢＴを取り巻く環境の多角的な側面を表現していると思います。

これはLGBTを理解する上で、「聞けばわかるが、気付きにくい」部分であり、もしあなたがLGBTを正しく学び、カウンセラーとして寄り添ったり、新しいサービスを提供しようと思ったりした場合に、大切な視点になります。

例えば、女性同性愛者であるレズビアンと男性同性愛者であるゲイは全く違うものと考えられる部分があります。また、違う視点だと、レズビアンとゲイは一緒でも、トランスジェンダーは違う、と捉えていたり、同じトランスジェンダーでも、ご本人が「自分と同じ価値観でなければいけない」と考えたりすることもあります。しっかりお伝えするために、少し過激な表現を使いますが、トランスジェンダーはトランスジェンダーでも、その方がトランスジェンダーとしてどういうスタンスで生きるのか。性の在り方をどう理解しているのか、レズビアンも同様に、ご自身をレズビアンと称した場合どのような立ち位置に居ようと考えるのか。ある意味、人そのものとしてのアイデンティティの確立が求められます。このように意識して性の在り方を区切る方にもたくさんお会いしています。この表現を不快に感じられる方がいらっしゃったら、お詫びいたします。

本書を読まれている方の中には、そのような意識はない方がいるかもしれませんが、それは「ボーダーを持たない価値観」を持った生き方であり、日本で当時まだ総合団体が少なかった時代、あるいは全くなかった時代には、「どうしてL・G・B・Tを一緒にしてしまうのか」という疑問の声は、とても多かったのです。

また「L・G・B・Tをまとめるのは、理解不足ではないか」という声もありました。この点に関しては、当時も今も一理あると思っています。理想は「すべての性」ですが、明確な区分けがあるほうが、自分が何者であるのか客観的に認識できて、安心できる部分もあるからです。

ただ、私たちが作りたいのは、すべての人がそれぞれの在り方を受け入れて、個性を生かし、尊重し合い、調和がとれた状態の社会です。その中でレズビアンがいたり、ゲイがいたり他のセクシュアリティがいたりすること、また様々なジェンダーがあることが「当たり前」な環境こそが、多様な性が自然に存在できるのです。例えば、女性がひどく苦手な男性がいたり、男性が怖い女性がいたり、そういった人たちを一括りにすることは、その人たちがありのままで過ごせるとは言えません。

男性と女性では異なる特性があるように、ＬＧＢＴという表現で一括りにするというよりは、多様な性の在り方そのものを老若男女問わず学んでいただくと、ＬＧＢＴに限らず、社会は寛容になれると思います。

「すべての性に安心感を与える社会」は、「すべての人がありのままでいられる社会」と同意語だと思います。

相互理解と尊重はとても大切なことです。そうするためにはそれぞれの違いを認めることから始まり、ときにはレズビアンだけのイベントがあることや、戸籍上男性で生まれ、女性として心はある方のコミュニティ、他には、性別適合手術をまだしていない人だけのコミュニティなどがあっても良いでしょう。また女性として生まれ、男性として生きたい人が男性の服装をすることで自分のあり方を表現できるのであれば、そのコミュニティがあれば望ましいでしょう。またそういった人たちのサービスや商品そういったものが生まれてくることもとても魅力的です。

日本セクシャルマイノリティ協会は、小さなコミュニティが主流のＬＧＢＴの世界で、なぜ初めから「すべての性」と表現していたのかといいますと、設立メンバーの私が、障がい者の家庭で育ったからです。

簡単にお伝えすると、妹が後天性の障害を持ったのですが、障がい児の世界も色々あって、小さなころからそれをつぶさに見てきた私は、「自分たちの辛さだけを真実として捉えると、他の世界を受け入れられなくなる」ということを感じていました。

私は子どもでしたから、親同士のつながりを見ていると、同じ病気でも、違う価値観の人はコミュニティから外してしまう。同じ病気でも、その重さによって相容れないのです。寂しいなと思いましたが、みんな、死が身近にありながら、必死に生きていました。

妹は、広く知られる障害ではなく、なかなか理解を得られない珍しい病気で、今でも同じ症例の人に出会ったことがありません。同じ障害でも障害ごとに区切るのではなく、まるで絵本のスイミーのようにそれぞれの力を寄せ合うことで、大きな声に変え、誰に主張するわけでもなくても、その存在を知ってもらえる。そういったものを作ろうと私は意識してきました。この経験があるから、長く活動を続けてこられたのです。（この段落では、あえて「障害」という字を使用しております。現在障害者の表記はいくつか用いられていますが、国としても使われているという点と、障害を持たれている当事者や団体からのご意見という点を考慮し、またそのご意見に敬意を払い、使用いたします。使用する場所は身内の話をする部分に限定しております）

ＬＧＢＴは障がい者とは違うけれども、支援やサービスなどあまりなかった17年前に、同じような世界になっていくのだろうと私は感じました。

ＬＧＢＴに関する団体としても、個人としても、「考え方が違うから」、「自分の声のあり方とは違うから」といって外れてしまうのではなく、セーフティーネットから漏れてしまう人でも、ここに所属し、繋がることで何かしらの「安心」を少しでも感じてもらいたいと思いました。

「ひとりではない」という力強さを、私自身も生きながらずっと求めていました。

団体設立の直接的なきっかけとなったゲイの親友（エル）と、設立に関して話し合っていた17年前、彼が言った言葉を覚えています。「僕は、吉美とこうすけ（前代表）、ヒロ（勝呂：現理事）がいるから、全然不安じゃないし、むしろ安心して居られる。日本のほとんどのＬＧＢＴは孤独で不安だと思うんだよね。だから、三人が良ければ、他のＬＧＢＴの人にもこの安心感を分けてあげたい。僕のためにありがとう！」

日本セクシュアルマイノリティ協会と、CialFrame（シャルフレーム）は、「ＬＧＢＴと社会の垣根をなくすこと」、「ＬＧＢＴ同士の垣根をなくすこと」。それが自然な姿だと思い、今も昔も同じようなスタイルで活動しています。

◇ＬＧＢＴと性同一性障害特例法と「人権モデル」

現在の日本で戸籍上の性別を、自認する性別に変更したい場合は、性同一性障害者特例法に基づき手続きを進めます。この法律は２００４年に施行し、当初は日本において非常に画期的なものでした。ただ、望む性別に戸籍を合わせる場合、家庭裁判所に審判を求めなければならず、その手続と手順は非常にハードルが高いのです。本書はその方法や法律についての詳細は省きますが、初めてその方法を聞いた誰もが「それは、すぐには無理だよね」と思うことでしょう。ご自身の体のことでありながら、ご家族やご友人との関係が良好で有ればあるほど、しっかりと周りの理解を求める必要があります。日本学術会議では２０１７年に「性同一性障害特例法」を廃止して、新たに「性別記載変更法」を制定することを提言しました。以下、P.40に示した参照サイトより一部抜粋します。

『「性同一性障害者の性別の取扱いの特例に関する法律」は２０１０年代から急速に進展した国連の人権基準や、法改正の国際的動向に即していない。「性同一性障害」という用語ももはや国際的に使われていない。トランスジェンダーは数ある性の個性の一つであって、「障がい」ではないからである。個人の性自認・ジェンダー表現を尊重する法整備は、トランスジェンダーだけでなく、すべての性的マイノリティの権利保障の基礎となる。そして、それは、ジェンダー抑圧構造により不利益を受けるあらゆる人びとの権利保障にもつながる。（抜粋ここまで）』

つまり、トランスジェンダーを病気の一つとして捉えていたものを、そもそもの人権として考えようという話です。とても素晴らしい提言ではありますが、日本の現状から考えますと一足飛びに進んでいくことはなかなか難しいといえます。当然、私たちの周りにトランスジェンダーの方で手術を望まれる方、戸籍を自認する性別に合わせる事を臨まれる方はたくさんいらっしゃいます。

しかし多くの方の切実な願いは、実生活レベルでホルモンに関する投薬や日常生活で支障をきたす事柄などをフォローアップする制度を、実際に活用できる形で作ってほしいというものなのです。

性同一性障害特例法に基づいて行動した場合、投薬等による支障が出ることがしばしばあります。これに関して、実際十分とは言えない制度、少しきつい表現だと、中途半端な制度しかないところが、当事者の生き方やあり方を狭めているし、苦しめている原因になっています。こういった表現をすると、「まるで自分たちだけが不幸で苦しんでいるようで不快だ」。とおっしゃる方もいるのですが、それはお互いの理解の促進や置かれている環境次第で、認識も変化されるでしょうし、仮に変化しなくてもその感情は否定される必要はないとも思います。ただ、事実、性自認が一致している人には起こり得ない葛藤を、すべてのトランスジェンダーが一度は抱えたことがあるわけです。私は活動を通じてやるせなくなったときは、我が子や、もしくは友人の子どもが当事者かもしれないと、より身近に感じられる状況を想像してみます。また私の友人、団体のメンバーには、誰のせいにもすることなく、ご自身で性の在り方を確立されたトランスジェンダーの方が多くいらっしゃいます。

制度を整えて欲しい、こうして欲しい、という要望に拒否反応を抱く方がいらっしゃるのは良く知っています。机上で情報を得るだけでなく、ＬＧＢＴに関するイベントなどに足を運ん

LGBT 当事者との交流（バーベキュー）2019 年より以前の写真です

でいただければ、心境の変化を感じてもらえるかもしれません。

時代は変わりました。前述してきたように、日本での性に関する制度は世界と比較すると非常に遅れています。ＬＧＢＴ当事者や関係者だけではなく、ぜひ多くの皆さんに協力いただければ嬉しいです。今までの流れを見ても法律を作るだけではうまく活用できないものも多く、また当事者や関係者の理解が深まるのは重要で、法制度を整えることと同時進行で必要と言えます。その対象は「自分には関係ない」、「ウチには関係ない」と思われる方も含めてです。

法律が作られ整えられて進むこともたくさんあります。「法律がないから動かない」という現実も長年見てきていました。トランスジェンダーの人がどうやったら自分らしく生きられるのか。そのためのフォローとして、制度として、仕組みとして、何が必要なのか。それを考え、喜びを持って生きていけるように興味関心がない方にも、少しアンテナを張っていただきたい内容です。

【参考サイト】日本学術会議 提言「性的マイノリティの権利保障をめざして（Ⅱ）―トランスジェンダーの尊厳を保障するための法整備に向けて―」のポイント
http://www.scj.go.jp/ja/info/kohyo/kohyo-24-t297-4-abstract.html

◇２００５年、２０１０年頃の性同一性障害特例法に関する反応

当時出会ったこの法律に基づいて行動する多くの人たちは希望に満ちていました。今まで日本でその存在がないように扱われることがほとんどであった状態から、「いる」というように、しっかりと認められたことになるからです。「それだけで救われた」という声はこの法律に関わらず、一つ一つ社会が変化するたびに聞こえる嬉しい声でした。

その一方で、表面的とも言える、なかなかハードルの高いこの法律に頭を抱える人も当然いらっしゃいました。考え方はそれぞれなので肯定的に良かったと思える方もいますが、そこまでは望んでいないけれども、自認する性別は出生届の性別とは一致しないという不自然さは持っているという方もいらっしゃいます。トランスジェンダー一つとっても、性自認は多様です。

法律にも柔軟性が求められていました。

治療（という表現を使います）の際、薬による身体不調などの弊害が出る中で、投薬を止める方もいらっしゃいます。また性別を適合させようと治療が進む中で、そもそも適合させようと思っていた性別にも違和感を覚え、悩む方も見てきました。非常に複雑でセンシティブなので、治療や投薬も含めて、制度をしっかり整えるには、慎重に進めなければならない課題と言えます。

ただ1つ言えるのは、性の在り方が「自分らしく生きる」という大きなファクターを占めるとしたら、戸籍上の性と性自認を一致させる、自己に性を認識させるということは、自分の本質に返り、一人の人間として生きていくことと遜色ないと考えています。

私たちが活動を始めた頃と違い、今は良くも悪くも声を上げやすい時代です。ですからあの頃の苦悩されたＬＧＢＴの方の思いを繰り返すのではなく、また名称や過去の慣習に縛られるのでもなく、新しい時代を生きていくために、望む性別に適合することができたらと願ってやみません。

◇スーツで活動すると怪しい時代

まず、このあたりことをお話しする前に、お伝えしたい大切なことがあります。

私たちは、ＬＧＢＴの包括的な団体、また包括的な支援団体としては日本で１番古く、発足以来途切れずに継続して活動している団体としても、長いと認識しておりますが、個人の活動家として先陣を切って歩まれてきた諸先輩方、またその時代ごとで、環境改善に尽力された方々があってこそ、今の日本のＬＧＢＴを取り巻く環境が整ってきていますし、活動内容やその影響だけではなく、先に生まれ歩まれてきた人生の長さを鑑みれば、もうそれだけで素晴らしく、敬意を払うに値します。

今から記すことは、一部の方には不快かも知れませんし、ＬＧＢＴ当事者でない私に、何がわかるのかと感じるかも知れません。ただ、私自身も様々な分野でマイノリティとして生きてきて、少しでも諸先輩方や周りの方に敬意を払いたく、私たちなりに誠実に対応し、努力して、体験してきたことをシェアさせていただきます。また、そもそもＬＧＢＴ当事者以外で代表をやっている人たちはいませんでした。その一つとして、私たちが団体を法人化した際に新宿２丁目あたりを含めて、他にもいくつかの場所でお店を構えている方々、わかる範囲でご挨拶にも伺いました。

「自分たちの聖域に入り込むのに、挨拶に行けばそれで済むわけではない」という人もいるかもしれませんが、自分が関わるジャンルに関して、出来る限りの人に挨拶に伺ったことは、何もわからない自分たちなりに、筋を通したつもりです。お会いできない方にはメッセージを送らせていただきました。

そんな中で、「応援します」、「こんな団体が日本にもできたそうです」と発信してくださったお店の方の存在は、とても励みになりました。

スーツの話をする前に、私たちが、法人化した理由をいくつかお伝えさせてください。

1. 当時インターネット上で総合団体と法人が見つけられなかった。
2. 団体設立当初からあまり日本の状況が変わっていなかった。
3. 法人格を持たせることで、社会に対して「ＬＧＢＴが存在している」と伝えたかった。
4. 時代の変化を感じて「安心」を感じられる。そして盤石な架け橋になりたかった。
5. ＬＧＢＴ当事者以外で、継続して活動できる社会との架け橋が、必要だと考えていた。

他にもありますが、これらが主な理由になります。

今年、東京オリンピック・パラリンピックが開催され、２００８年当時では20人にも満たなかったＬＧＢＴであることを公開していた選手は、現時点で１６０人以上になりました。

これからの時代、表面的な多様性やマイノリティ理解ではなく、本当の意味での相互理解や、すべての人がそれぞれに住みやすい社会を築いていくために、私たちが体験した歴史を共有いたしますが、そのことで、誰かや何かを軽んじたり、傷つけたりする意図は一切ないことをご理解いただけますと幸いです。

これまでこの道を切り開いてくださった、すべての諸先輩方に、感謝を申し上げます。


タイトル「スーツで活動すると怪しい時代」とは、言葉通りの事実で、ほんの数年前まで、スーツを着て挨拶に行き、理想の社会の理念やビジョンを伝えると「怪しい」と言われることが多かったのです。

そういったＬＧＢＴの世界・環境下で、私たちは２０１７年に「ＬＧＢＴ基礎理解検定ｔｍ（通称ＬＧＢＴ検定®）」という、ＬＧＢＴとＳＯＧＩに関する資格を日本で初めて、あるいは世界で（?）初めて制定し、社会に対して問題提起しました。

それを境に私や、私たちの団体は、スーツで活動していても、攻撃されたり罵倒されたりすることはなくなりました。しかしそれ以前は、「スーツ姿」、「ワンピースの上にジャケット」のように、かしこまった服装でいると「怪しい」、「なに企んでいるの？」と、最初に言われることが多々ありました。疑問に感じる方も多いと思いますが、そういうものでした。これに関しての背景や「なぜ？」という理由は、機会があればご紹介したいと思いますが、非常にセンシティブすぎるのではないかなと思っています。

２０１７年より前でも、スーツ姿で攻撃されたことなんてない。とおっしゃる方もいるかもしれませんが、こういう例もあるのだなとお考えください。

私が、ＬＧＢＴ当事者じゃないから、また当事者と認識していても対外的に、そのような扱いだったとも思いますが、全体的な感覚として、「あちらの世界とこちらの世界とは違う」というものがあったと思います。この表現はわかる人にしかわからないかもしれない部分ですし、今初めてこの話を聞く人は、「ボーダーを作らないで欲しい」と望むＬＧＢＴがそういう表現を使うわけない、と思うかもしれません。

しかし、良く交わされていた表現に、「あっちの人」、「こっちの人」という言葉がありました。対して、この表現を「そんな言い方あるの？」という当事者のグループにも出会ったことがあります。「私たちは他のグループとは関わらないし、お店にもいかないから、よくわからない」という人たちにも出会いました。ＬＧＢＴの世界の細かな言葉は、各グループの特性や地域性などがあったりするので、私は時々、手話の世界の例えをします。

学ぶとわかるのですが、手話は統一されているようで、されていない部分もあったり、サインも住んでいる地域で違ったり、数の数え方の指の動きが違ったりします。また、聴覚支援学校で手話を教えても、使えない児童生徒がいます。極端な場合、同じ学校の中でも、仲間とのサインが異なったりします。なお私の手話の知識は１９９５年頃のものです。これは何年か複数の聾者の生徒宅に家庭教師として通っていた個人的な体験からの例えですので、事実と異なる部分があれば、伝わりやすい表現を模索したのだとご容赦いただければと思います。

別な例をお伝えします。検定、資格制度を世の中に出す前、ＬＧＢＴのことを伝えるため、一般企業に出入りして様々なサポートをしていました。その際、代表の方から、「今度、吉美さんを紹介したいのですが、服装には注意をしてください」と言われたことがあります。理由を聞くと、「以前、ＬＧＢＴの方に頼まれ、私の大切な方を紹介したのですが、面会時に、大きなＴシャツ、ゆるい半ズボンにサンダル姿でとても困りました。次は違う服装をお願いすると『これが俺らの世界です。スタイルを変えるつもりはありません。』というのです。ＬＧＢＴの常識的な服装は、一般的には非常識ですから、吉美さんも、ここぞとばかりに、だらしのない格好で『ＬＧＢＴの常識ですから』という服装で来ないでくださいね」と言われたのです。

ＬＧＢＴ支援のため、当時、当事者団体を訪れた方は、スーツ姿だと「嫌がられる、怒られる」という洗礼を受けていると思います。当事者でない場合は、この洗礼に耐えられず、架け橋となることをやめる方もいますし、私たちにもどうするべきかという相談が寄せられます。

その都度、「向き合うしかないし、耐えるしかないし、根気強く時代や環境が変化していくことを待ちつつ続けるしかありません」と、自分たちなりの思いを伝えてきました。

その様な時代ですから、スーツを着ること、私でしたら、現代日本において女性の象徴であるスカートを履くこと、またワンピースを着ること、女性に求められていた社会的常識である化粧をすることなど、一般的な社会人としては礼儀となる対応をすることは、神経を逆撫でしたり、警戒心を抱かせる対象となったりするため、ＮＧ行為でした。

個人的なことになりますが、私の体形は足が短く太いので、かなりのコンプレックスです。ですから、パンツ姿で活動しなければいけないことは、結構辛いものがありました。化粧に関しては、それ自体あまり好きではないのですが、もともとの肌の色や血色がよくないので、やはりコンプレックスでしたし、団体の人間として人と会うときは、化粧をしたかったのを覚えています。まだ20代、30代の頃でしたので、自分の好きな髪形にしたいなと思いながら活動していました。

こういった、服装や髪形などに対する配慮は、Ｌ・Ｇ・Ｂ・Ｔ（他）を包括的に安心な環境へ導きたいと思う活動上の、私個人への弊害でした。単純に言えば、当時のＬＧＢＴの世界においては、私は服装や髪形を意のままにできず、コンプレックスを常にさらしていたことになるからです。

時代は変わり、今はスーツだから怪しいと、出合頭に言われることはほとんどなくなったのではないでしょうか。

◇本名を名乗ると信用されない時代

本名を名乗ると「怪しい」と返ってくる時代もありました。ここは、先ほどのスーツと同様に考えていただければと思います。

当時、有名な活動家にお会いした際は、やはり出合い頭に「本名でなにを企んでいるの？」と聞かれ、同じく有名なライターとは、ニックネームの名刺を交換し、口頭で本名を伝えたら名刺を破り捨てられました。

どちらも初対面での出来事です。

本名を名乗らなくても、名刺を破られたり、文句を言われたりすることはあったのですが、間違いなく本名を名乗ると警戒される時代だったのです。

ときには、名刺交換しただけ、挨拶しただけで、有名な媒体に断定的な表現にならないような書き方で誹謗中傷されることもありました。

この様に書くと、私が、また私たちが何をしたのかと思う方もいらっしゃると思います。しかし、とくに何もしていないのです。

ある一定の時期を過ぎますと、ＬＧＢＴの世界でも「逆差別はやめよう」という声が聞こえるようになりました。単純に、ＬＧＢＴというマイノリティの世界では、ＬＧＢＴ当事者でない人間の方がマイノリティですから、マジョリティ（多数派）がマイノリティ（少数派）になる逆転現象が起こります。

ですから「ＬＧＢＴ当事者以外」に嫌悪感（恐怖感）を抱いていたというのが、シンプルな構図です。もちろんすべての人がこの限りではありません。ただ、逆差別をする人に対しては「心に深い傷をおい、この方たちも必死に頑張っている」と、「そういう方がとても多いのだなぁ」と、このように私たちの中で折り合いをつける必要がありました。

また、幸い私には仲間とパートナー（前代表）がいて、パートナーが常に「私たちが悪く言われること、煽られることで、社会喚起をしている人たちがいるんだよ。それで社会がより良い方向へ変化していくのなら良いじゃない」と、冷静に声をかけてくれていたことが、まだまだ理解も進んでいなかった中で、当事者からも、そうでない人からも、あらゆる方面から叩かれ続けた中で、明るい未来を見据えて活動を続けることができた、一つの支えでした。

本名に関して、ここでは詳細は省きますが、ＬＧＢＴ当事者は、日常生活を行う上での名前とは別に通称名を持って仲間と楽しむ方が多くいらっしゃいました。そういった常識の中で誠意を持って本名でご挨拶をするというのは逆に不穏に映り、脅威に見えていたようです。また通称名を使わず本名で動ける人間がなぜここにいるのか、というような印象を持たれていたように思います。

これは東京を中心とした首都圏で顕著でした。本名を名乗るということは、自分たちと違うスタイルですから、なかなか受け入れられない部分もあったと思います。地方でも通称名でいることはありましたが、東京ほど本名を名乗ったときの値踏みするような対応は露骨ではありませんでした。残念ながら、その頃の大阪、九州の状況は知り得ていません（体験していません）。繰り返しで恐縮ですが、いい悪いではなくそういう時代でした。

◇女性お断りの聖域

正直、「○○お断り」というものもありました。それは守りであったり、聖域であったり、その人の安心な環境を築くために大切なことでもあると思います。「すべての性」を常に言葉にしていた私たちの方向性とは、異なっていると感じるかもしれませんが、そこを否定していたわけでも、蔑ろにしていたわけでもありません。目的とプロセスの違いのようなもので、どこに焦点を当てて話しているかで、表現が変わることがあります。今からお伝えすることはプロセスの部分になります。

今回は、東京のとある地域でいろいろなお店にご挨拶をしていたときの話です。これは２０１０年頃から２０１２年頃の間の出来事です。

筆者である私は女性として生きています。専門的なこと、細かなことを書くとわかりにくくなるので、「女性」と表記させてください。

私と当時代表であったパートナー、それから親友エルの３人で、ある地域にご挨拶に行きました。当時私ではなく、パートナーが代表だったのは、防犯のためです。今は時代が変わり、こんな覚悟は不要になりましたが、私、パートナー、勝呂は、最近まで逆恨みで刺されて死ぬ覚悟をしながら活動していたからです。そんな覚悟が不要な時代になったので、実はこのような本を書けるのですが……。

話を戻します。挨拶は、非常に緊張しました。こういったスタイルでの団体、支援団体は共になかったので、かなり過激な賛否両論の声を聞いていたからです。

こちらの気持ちや情熱が伝わったらいいなと考えながら、どんな反応をされるのかと、歩きまわったことをよく覚えています。ではスーツ姿で本名を名乗ると怪しいと疑われた時代で、どんなことが起きたかといいますと、いきなり怒鳴られたり水を撒かれたりでした。実際は掛けられそうになって避けたので、幸い濡れなかったです（笑）。

お店に入っていく順番は、当時代表だったパートナー、次に一緒に住んでいる親友エル、最後に私です。例にもれず、代表が「怪しい」、「なにを企んでいるの？」と言われるのは当たり前なのですが、中には二人がお店に入った時点では、お店の方はにこやかな顔なのに、最後に入った私を見て、顔を曇らせ怒鳴り出す人もいました。水をかけられた時は本当に驚きましたが、攻撃的な対応にも慣れていましたし、覚悟もしていたので、諦めがつきました。

そんな中、あるお店で親切な人がこう教えてくれました。「この地域は女性が出入りしないほうがいい。未だに塩を撒かれることもあるから」と。また、「もし挨拶に行くならそっちの男の子2人だけにしなさい。男の子2人なら大歓迎なんだよ。そんな雰囲気なかった？」とも言われました。「だから私の顔を見ると怒鳴ったり、私にだけ水をかけたり（結果、他の二人にもかかりそうになりますが）したのだなぁ」と理解したのです。そのときは偶然かなと思ったのですが、違ったようです。真意はわかりませんが、私というより、「女性」に嫌悪感があったのだと思います。教えてくれた方は「気持ちは応援するし、応援したいよ。こういった活動してくれる子がいるなんて嬉しい」と言ってくれましたが、「ただ、まだまだ難しいね」という言葉と共に、ここでは書くことができないことも教えてくれました。

その後、私は喫茶店でお茶をすることにしました。こちらの気持ちが伝わるかわかりませんが、挨拶をすることが目的でしたので、２人に任せたのです。私（女性）が居なくなると、その地域は比較的スムーズに進んだようで、２人がまだ若かったことも重なり、一様に喜んでくれたそうです。

一方、私が入ったお店も偶然ＬＧＢＴ当事者の方がお店に立たれていました。ただもちろん、空気から感じ取っただけですし、何も知らない、気付かない風を装って、「外は暑いから、私は行かなくてラッキーだ。そして少しでもこのお店に貢献できたらいいな」と思うようにして、サンドイッチと紅茶を頼んだのを覚えています。今思うと、他の場所への出入りも、私がいない方がスムーズだったのかもしれません。その時のお店は今もありますし、あの時より穏やかな気持ちでお店の継続と発展を願っています。

ここで気がつくのは、女性が行きやすいお店は「ＬＧＢＴ」と一括りにした場合、その地域にはなかったのかということです。ここまで読まれた読者の中には、何を言っているかわからない方も多いと思います。それは、その地域のほとんどは男性が運営しているお店だからです。

今回の例の地域とは違いますが、また新宿2丁目の方々にも直接ご挨拶に行きました。どのように受け入れてくれたかは、そのお店の方の考え方次第ですが、協力しあえる関係性が築けるといいなと常々思っています。

面白いことに、郵政の関係者にお会いした際、ニックネームの名刺を出したところ、「本当に昔から活動しているんですね。いかにも当事者団体という感じで安心します」と言われました。この名刺を出した際の「昔から活動されているんですね」は時々ですが、言われることがあります。しかしほとんどの場合が、ニックネームの名刺を差し出すと、怪訝な顔をされます。

場合によっては、（私の場合は、漢字二文字なので）韓国の方ですか？とか、サークル活動なんでしょうか？と言われることがあり、誤解や疑問を与えてしまうので、お勧めするやり方ではありません。

また、今の時代となっては、本名で活動していても何も言われません。こちらも２０１７年の検定を世に出した際に、大きく変わった事象です。ですからビジネスシーンは、ビジネスシーンとして信用されるために、〈本名の書かれた名刺〉をお使いになることをお勧めいたします。

◇「ダイバーシティ」は娯楽施設

ダイバーシティとは、「多様性・多様な」という意味です。これは２０１５年頃、ＬＧＢＴに関する活動を企業に向けて行う際に使われていた言葉になります。ＬＧＢＴの企業への活動、研修などはダイバーシティと言われることが多くなりました。今ではインターネットでダイバーシティと単語を入れると、多様性のある企業として、人事に関する話題や経営やマネジメントに関する話題として出てきます。しかし２０１５年頃は「ダイバーシティ」というと、お台場にある商業施設が多く、検索ワードとして出てきていました。またお会いした人に「どんな仕事なのですか」と聞かれたときに、まだまだＬＧＢＴという言葉が一般的ではなく、知らない人が圧倒的に多かったために「ダイバーシティです」とか、「ＬＧＢＴ支援です。企業の方だとダイバーシティという方が伝わりやすいかもしれません」とお答えすると、多くの方に「ダイバーシティということは、お台場で働いているんですか？」とさらに聞かれる状態が生じていました。このやり取りは、上場している世界的な企業の社員の方々も同じでした。名刺にダイバーシティを意味する何かしらのマークがついている企業の方でもそうだったのです。

今、当たり前にビジネスシーンにおいてダイバーシティ、またはダイバーシティ・インクルージョン、イノベーションという言葉が聞かれますが、実際はそういった取り組みが浸透し始めてまだ5年程度しか経っていないことになります。当然もっと早くからやっている、意識しているという方はいらっしゃるとは思いますが、一部の意識の高い方や、担当者を除き、ダイバーシティと表現すると、「お台場の？」と、多くの方から返答される現象は、２０１７年後半まで続きました。今、時代の移り変わりが早く、どんどん変化していると感じます。

「ＬＧＢＴ」という言葉もそうですが、ダイバーシティも同じように、世の中で新しい言葉や、新しい価値観が浸透していくには、数年から数10年、中にはもっと時間を要することがあるのかもしれません。どんなに少なくとも、数年かかるのでしょう。しかし、普及してしまえば、それは「当たり前」で、それがなかったころのことは、誰も思い出さないし、想像もしないのではないでしょうか。携帯電話の普及率や、日本独自のフューチャーフォン（ガラケー）がスマートフォンに変化していったことを思い出していただけると、今や当たり前に使う人が増えた「ＬＧＢＴ」も「ＬＧＢＴＱ」も、時間がかかっている、今使われている意味とは違う意味合いを含んでいた可能性がある、ということが理解できるかもしれません。

◇ＬＧＢＴという言葉はなかった

２００５年当時において、そもそもＬＧＢＴという言葉は、全く一般的ではありませんでした。日本では存在しなかった言葉になります。文献を遡《さかのぼ》って、英文翻訳時にＬＧＢＴと記載されていたのが確認できるレベルです。私たちの団体は「安心」を軸に、理念から作られたので、わかりやすい表現にこだわった名前にしました。困っている人や、孤独を感じている人が、インターネットで検索したときに、「ここなら安心」と思えるように、また、ちゃんと団体の問い合わせ先にたどり着けるように、言葉を選びました。

そもそも当時はＬＧＢＴという言葉はないに等しかったですし、同性愛という考え方はファンタジーと捉えている人もいました。ですから、純粋に困っている人がたどり着けるワードとしたときに、同性愛や性同一性障害といった言葉で探し出すことが良いのではと考えました。ただ性同一性障害もたどり着くのに難しく、知識がなければ全く不明な時代でしたので、国際レズビアン・ゲイ協会（ＩＬＧＡ）、という国際的な団体の名前を参考にさせていただき、略称名を「ＪＬＧＡ」として、当時は、ジャパン・レズビアン・ゲイ・バイセクシュアル・トランスジェンダー＆インターセックス・アソシエーションの意味を持たせ、協会を設立しました。

当時は「ＬＧＢＴ」という言葉はもちろん存在しないに等しく、オールジェンダーやオールセクシュアリティも意図するニュアンスとは異なっていました。セクシュアルマイノリティとという言葉も存在していませんし、セクシャルマイノリティという言葉なら良いのか、正しいのかどうか、誰もが細かく気にしていなかったですし、その背景には当時の日本では「性的マイノリティ」という概念がほとんどなかったのではと感じています。

そのような時代ですから、的確な言葉が見つからないまま、ＩＬＧＡの名前を参考にすれば、時代が進んでも大きな誤解を与えたり、特別大きく表現が変わったりすることはないだろう、関わる当事者や関係者に安心感を与えられるのではないかと考え、困っている人が、簡単に見つけられる言葉を使いました。それくらい、ほんの17年前は、言葉がふわふわてぃていた…というより、ほぼないと言っても過言ではない状況でした。

ＪＬＧＡの日本語名は「日本同性愛者協会」でした。「国際同性愛者協会」で検索すると、ＩＬＧＡが出てきていましたし（他は出てこないし、ＩＬＧＡの日本語の情報も多くありませんでした。）日本人には「同性愛者」という響きの方がなじみがあり、困ったとき、悩んだときに検索しやすかったと思います。

当時を知らない人からは、「同性愛という表現は偏っている」と言われたことも少なくありません。またＬＧＢＴの有名な活動家から「同姓愛者とは差別用語だから使うな。ゲイと言え」と言われたことがあります。同性愛という言葉自体が差別的というのは、最近ではあまり聞きません。様々な背景があると考えられますが割愛します。そうは言われても定着している言葉が存在しない状態なのに、なんと表現すべきか誰も知らない、わかっていない時代がありました。

２０１６年の時点では、大手広告代理店の方に「吉美さんは、今後このＬＧＢＴっていう言葉はどうなると思いますか？　定着することはあると思いますか？」と聞かれたことがありました。

また、２０１７年に資格を制定し、ＬＧＢＴを取り巻く概念を、法制度以外の部分で変えることができた後から、私たちが発信する言葉に対し、重箱の隅をつつくような角度で、わざわざメールを通じて疑問をぶつけてくる人はほとんどいなくなりましたが、過去には前述のように「同性愛」や「マイノリティ」という言葉が差別であるとか、「ＬＧＢＴ」「セクマイ」も差別的だというご意見をいただいています。

各団体ごとの活動領域について

◇ＬＧＢＴと人権と日本セクシュアルマイノリティ協会

すでに、日本セクシュアルマイノリティ協会（現、一般社団法人CialFrameシャルフレームを含む）がどんな団体で、どんな気持ちで活動してきたかおぼろげながら伝わっていると思うので、違う角度でお伝えします。

団体を、法人化した時の話ですと、時代背景が伝わりやすいでしょう。当時は、日本同性愛者協会という団体の名前が怪しい・非常識と言われ、法人登記すらなかなかできませんでした。２０１０年では、インターネット上で、ＬＧＢＴ関連の法人はなく、意を決して、法人化に踏み切りました。

自治体の人権啓発イベントにて、LGBT 当事者による「お笑い」を交えた啓発活動と、トークセッション。
L・G・B・Tだけでなく様々な性の人が登壇します。

２０１１年1月に法人登記をする際、三カ所の公証役場では「反社会主義者じゃない証拠はありますか？」と取り扱ってもらえず、やっと四カ所目で、偶然1歳の子どもを連れていったためか、書類を受け取ってもらえました。また、当時は名前が怪しいと事務所も借りられない、銀行口座も作れないというような状況で、1度目は大抵どのジャンル（金融機関、事務所を借りるなど）も断られるので、以降、子連れで直談判しました。

余談ですが、うちの子は7か月で10キロを達成した大型ベビーで、お米の10キロの袋を想像してもらうとわかり易いかと思いますが、体力的にもなかなか大変な状況でした。

「日本同性愛者協会」（ホームページは日本セクシュアルマイノリティ協会との併記だった）などという、当時、非常識とされた名を持つ一般社団法人の設立を請け負ってくれる方はみつからず、定款や書類などもすべて自分で調べました。

やっと借りられた事務所では、「ここで断ったら私も差別主義者ですね」という担当者のいる、グローバルなシェアオフィスを借りました。シェアオフィスにした理由はいろいろありますが、名前が理由で一般の小さなオフィスが借りにくかったという事も一因です。

　ちなみに法人用の印鑑も最初拒否されましたが、売り切りの商品なので、笑顔でお願いし続けた結果、リスクはないと判断したのか、作成してもらえました。２０１６年でも、友人の同性カップルが、自分たちでパートナーシップ契約を結ぶ際に、社会での理解の低さから、なかなかうまくいかず、私たちに相談してきたことがありました。

団体の存在意義として

　団体の存在に対しては色々な意見がありましたが、変わった内容のものといえば、目立つ団体がウチしかなかった頃、「こんな差別的な団体なくなればいい」と、ＬＧＢＴ当事者からも、当事者以外からも時々言われていました。同じ言葉なのですが、その人の立場によって意味合いが違います。前提として、私たちはＬＧＢＴ支援団体でありますが、人権に関わる団体という認識はしておりますが、ＬＧＢＴ擁護団体ではありません。ＬＧＢＴを含むすべての性のための環境改善の努力はしていますが、過激なデモ活動や、団体として訴訟を促したり、訴訟のアドバイスをしたりすることもありません。社会を変えるためにそれらが不要というよりは、私たちのスタンスが、攻めていくのではなく調和だからです。

　また、17年前、団体設立時から思っていたことの一つに、制度を整えることはある意味花形

全国の企業や自治体等で、セミナー研修や、
資格取得のための講義を行います。
出張だけでなくオンラインでも実施。

になるので、いつか誰かがやってくれるだろうから、私は、恐らく他の誰もやらないところを作ろうというのがありました。それは、法律が整っても、絶対にその枠から漏れてしまう人がいるから、その漏れてしまった人たちも安心できる環境を作っていこうというものです。そのための私たちのモットーは「安心」と「中立」になります。

その証拠に、という訳でもないのですが、日本セクシュアルマイノリティ協会には、「他の団体で断られた」「他に行くところがなかった」という方も多数所属しています。何年か前までは、大人も無料だったのですが、無料ですと他のメンバーを攻撃したり、私たちにも「もっと自分をかまって欲しい」と依存したりしてしまう方が多く、今ではコミュニティとして、社会人は月額１０００円をいただいています。学べることが多くいろいろな経験ができるため、もっと高くても入会したいという声があがるほどです。もちろん私たちの団体にも無料の相談窓口がありますので、そちらを利用していただければと思います。ＬＧＢＴ当事者以外の方も所属しております。

また中には「過激じゃないからいい」「普通の生活の中で、努力してくれているのが良い」というメンバーもいます。他にも「吉美さんや、協会の皆さんにインスパイアされた」といって、オックスフォード大学に行ってしまうようなメンバーもいます。さらに言えば、日本セクマイ協会のコミュニティメンバー（社会人のみ）の平均年収は、日本全体の平均年収および中央値を軽く超えています。コミュニティでは年収や職業、年齢、性差、国籍、健康状態、人種に関係なく、みんながそれぞれ尊重し合って活動しています。私たちの団体に所属するメンバーは、多くの場合、外ではカミングアウトしていないという方が多くいます。中には上場企業の役員もいますが、カミングアウトしないですし、絶対バレたくないというので個別に会うことはあっても、そのメンバーが協会や私に協力することはありません。ただ何となく安心するから繋がっている。そんな状況だと思います。

では、なぜ「こんな差別的な団体はなくなればいい」なのでしょうか。これはＬＧＢＴ当事者の言葉です、「先が見えず不安を感じ何かにすがりたい」という思いが根底にあるのでしょう。団体の存在自体が目障りということもあるようですし、差別という言葉はいろいろな意味を含んでいると思います。「団体がなくなればいい」との意見には、「そうですね。いつかこの団体が今持っている役割を終えて、新しい時代に即した団体として生まれ変われると良いと、私たちも思っています」と回答しています。そうすると皆さん納得されるのか、次の言葉は返ってきません。

ある意味、ただ悪態をつきたいだけなのかもしれません。過去には「あなたが存在しているだけで腹が立つ」、「当事者じゃないんだから、文句言われるのは当たり前でしょ!!!」といわれることもたびたびありました。特に理由はないけれど当たり散らしたいという心理状態だったのでしょうか。

もしくは「特別支援学校は差別だ」という主張と同じかもしれません。ここで深掘りする必要はないと思うのですが、あったら安心だし、助かる部分もあります。その方が良いと考える当事者や保護者もいるわけです。ただ、日本セクシュアルマイノリティ協会の側面としては、「ただ安心して楽しくいられるから」、「自己成長に繋がるから」という意味合いも持っています。特別支援学校でなければ、同じ外国籍を持つ方の集まりのようなイメージに近いかもしれません。

次に、LGBT当事者以外の方からの「こんな差別的な団体はなくなればいい」ですが、これはLGBTを受け入れられない、よく知らない方々の意見だと思います。なぜ差別かというと、自分ことばかりを話しているように聞こえるのだと思います。先日も初めてお会いした人に、「吉美さんたちみたいな団体（LGBT団体）って自分のことばかりですよね。逆にこちらを差別していますよ。だからウチは関わりたくないです」と言われました。余談ですが、それを隣で聞いている人が、カミングアウトしていないLGBT当事者の時もあります。その場合、意図せず傷つける場合がありますので、その可能性を心に留めておいてください。

そして、LGBT当事者や、LGBTの啓発活動をしたい、支援をしたいと、ご自身のイベントやセミナーを開催するために、協会の名前を使いたいという方がいます。名前だけ貸すことはできないので、当日のお手伝いや、事前のイベントのご案内や集客、LGBTに関する知識の提供などをいたします。当然無償で、私たちにかかる実費もこちらで持ちます。でもお客様の参加費は全てその方にわたります。ですから、「お客様の会費から会場費はお支払いくださいね」とお伝えすると、LGBT当事者の場合は、「僕も会場費払うんですか？」「僕、当事者なのに？」というのです。このような方がとても多くて、当時私たちも、銀行通帳も作れなければ、事務所も借りられない、印鑑すら気持ち悪がられて拒否される時代でしたので、当事者からのこの言葉は、疑問に思わずに受け入れてしまっていました。

また、アライという支援者側からは、「僕は支援してあげているんですから、会場費は折半でいいですよ」というスタイルでした。このように中々協力者が少ない時代は、違和感がありませんでした。

ちなみに今は、きちんとお仕事として請け負うか、学生や子どもに向けての活動には以前と変わらず非営利で対応しています。お仕事として受ける場合、LGBT当事者かどうかで特別視はしていません。非営利で対応が必要であれば、いま記載したように、非営利で対応させていただきますし、コミュニティとして必要な場合はコミュニティメンバーになってもらい、会員限定イベントなど含め、一緒に活動していただければと思います。

余談になりますが、私たちは、経費も含め、結婚式の事例にしろ、住宅の事例にしろ、LGBT当事者から1円も受け取っていません。足代もお茶代も会食代も支払ってきました。また、既出ですが、企業やサービス提供者も「未知（LGBT）の活動を支援してあげている」スタイルなので、紹介料を払う方は記憶にある限りいませんでした。

2017年に、一言では表現できない背景から、日本初、もしくは世界初になるLGBTとSOGIに関する資格を制定しました。もともと、寄付に頼らない仕組みを作ろうと思っていたのですが、寄付の概念が少ない日本では、やはり「自立できる仕組み」が必要だと感じたからです。私たちは、この時まで、自分たちや自分たちの団体のために、会費やイベント費を受け取ったことは一度もありませんでした。

けれども時代が進み、いろいろな人が関わるようになり、私たちが居なくても成り立つ、持続可能な活動として団体が存在し続ける義務と、責任を強く感じ、私たちの価値観もマインドも大きく変化させました。いま私たちは、「ありのままでEESa！（いーさ！）」を合言葉に、みんなで学び合って、高め合って、笑顔になれる団体として活動を続けています。

#ColourMeIn

「＃ColourMeIn」は、
９か国 計１８名のアーティストが参加した、
国連・ユネスコ バンコク事務所主催のオンラインアートイベントです。
日本からは、唯一の日本人として、**日本セクシュアルマイノリティ協会**
代表 吉美がアーティストとして参加しています。

LGBTI の児童生徒にとって安全で、インクルーシブな学びの環境整備を、社会に呼びかけることを目的としたイベントです。２０１９年５月１７日の、国際反ホモフォビア・トランスフォビア・バイフォビアの日（IDAHO：日本では「多様な性に YES の日」）と同日に、本イベントは開始されました。

UNESCO
United Nations Educational, Scientific and Cultural Organization
Sustainable Development Goals
Bangkok Office
Asia and Pacific Regional Bureau for Education

すべての性に、ひとりじゃない安心を
EESa! 日本セクシュアルマイノリティ協会

◇「こんなこともあったな、今思い出した8エピソード」

私たちの団体が、その活動の歴史から、LGBTに関する多くの検索ワードの中でトップや上位だった期間が長くあります。2005年から16年までは様々な検索ワードで。2017、18年は「LGBT団体」で調べると1位でした。今はLGBTが新しいジャンルとして確立され始めていますから、潤沢な資金があるところが、検索順位を塗り替えています。私たちの団体は、社会がすべての性にとって拓《ひら》かれ、だれもが「ありのままでいいさ」と言える環境を作ることを目的としていますから、競争するのではなく、私たちは私たちの理念を大切に、すべての人にとって安心できる環境が構築されればよいと考えています。

そんな背景の中で、語弊はあるかも知れませんが、日本の社会において包括的な支援をしていた団体は私たちしか見つけにくかった時代や、お金にならないことを請け負える団体は、長い期間恐らく、今も昔も私たちだけだったりするので、通常では関わらない人々や機関、国からご連絡をいただくことがよくありました。約17年間のそういったすべてを紹介することは難しいのですが、LGBTに関する理解を深めていただくヒントになりそうな出来事を、既出の内容含め、簡単ですが記します。

「こんなこともあったな、今思い出した８エピソード」

１．スタンフォード大学からのご連絡

ＬＧＢＴに関する資格、ＬＧＢＴ検定を制定した直後に、スタンフォード大学からご連絡をいただきました。図書館のアーカイブに、当団体を残したいとのことで、大変ありがたく感じました。まずメールが来て驚いたのですが、ドメインがスタンフォード大学のモノだったので、いたずらではないとわかりました。この後、学生から定期的に連絡が来るようになりました。

２．性犯罪に関する人の出所後の心のケア

時々あったのが、性犯罪で服役されていた方からの悩み相談です。他に相談する機関もないのか定期的に受けました。お会いするべきか悩みましたが、直接お話を聞くこともあり、相談者さんは、非常に悩んでいらして、誠実であろうと努力している姿を拝見しました。犯した罪は許されることはありませんが、筆舌しがたい感情を抱きました。当時は、ＬＧＢＴ（性的指向と性自認からのマイノリティ）と趣味趣向とされるプレイのような性的マイノリティと混同されることが多くありました。実際刑期を終えた方にお会いすると、この表現が適切かわかりませんが、単純に趣味趣向というのは最適な表現ではない気がしました。私たちの活動が、か

らかいの対象や、非難の対象であった時代の話です。

3. 数か月に及ぶ、海外の大学の研究協力

海外の大学教授からのご連絡で、数か月に及ぶ、英語によるインタビュー調査に協力しました。インタビューされるLGBT当事者は、しっかりと謝礼が出されるのに対し、私たちは、セッティングから調整、当事者の募集、広報、付き添い、ファシリテートを行うのに対して、費用がゼロ円という…。当時はそんなことばかりしていたなというものですが、そのすべてを、特別認定講師として、当団体で講師を育成している勝呂が、他の業務と、ご自身の収益源となる他の仕事を行いながら、完全に一人でやり切ってくれたことは、今思うと凄いことだと感じました。その時の調査結果は、日本や世界のLGBTの環境改善に役立っていると実感しております。

4. ネガティブキャンペーンに巻き込まれる

「LGBT市場」という言葉があります。日本だけで6兆円規模と言われており、広告業界と同程度です。業界が発展するのには必要なことだと思いますが、一時期、私たちの団体のネガティブキャンペーンが行われていました。ただ、元々理念のみで歩んできた団体ですし、タフ

さにかけては自信があります。それでこの業界が発展してLGBTにとって住みやすい社会になればよいと考えているので、いつか私たちの「架け橋活動」も実を結ぶだろうと、「安心」、「中立」、「学びの質」にこだわり、私たちの軸を揺るがすことなく活動を続けています。

5．自治体等が設置する相談窓口から対応できないと回される人たち

正直これは驚いた話です。LGBTに関する認知が進み、自治体でもLGBTのために条例を整えたり、制度を導入しています。とても嬉しいことですが、相談窓口などに来る案件に対応しきれないのか、「相談先に、日本セクマイ協会を紹介されました」という話を多く聞きました。詳細は割愛しますが、「担当者は面倒だったのだな」と思うことも多く、これでは相談者がたらいまわしになってしまうと感じました。担当者のマインド醸成まで視野に入れるとともに、相談後のアフターフォローができる体制が整うと理想的だと感じています。

6．国の機関からの「方法がわからず」のご相談

どの機関からかは明らかにできませんが、このような相談も何件かありました。国の機関なので外部に出すことは、基本的にはできない場合が多いそうですが、LGBTに関する対応事例がない場合に、「前例がなく…」とご相談を受けてきました。どうしたらよいのか大変困って

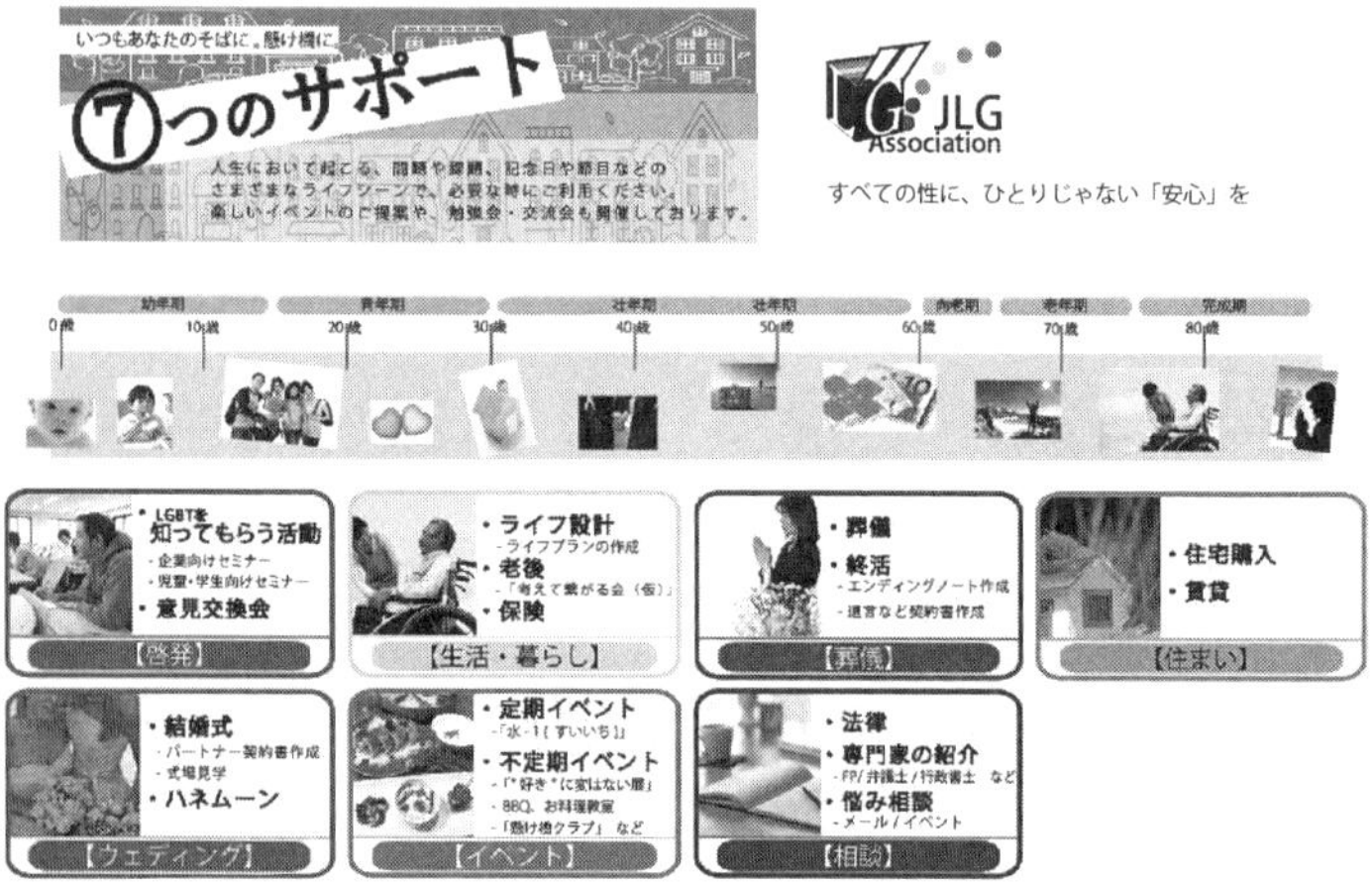

いらして、全てお電話で回答いたしました。当事者の保護者や、相談先がなかった当事者と同じように悩まれていたことが印象的です。そして毎回思うのが、一対一で向き合うと、皆さん、親身になってくれますし優しいなということです。

7．テレビやニュースでＬＧＢＴが話題になる度に来る苦情

理由なく完全なる出まかせや火のないところから強引に煙を立たせるような誹謗中傷等に、私たちも慣れてきてからの話で、すべてのご意見やお声に心から「ありがたい」としか思わなくなっていましたが、ＬＧＢＴに関する訴訟が起きたり、イベント、テレビなどで話題になったりすると、必ず多くのご意見が寄せられていました。また動画サイトや様々なコンテンツに関しても「訴訟を起こしてください」というものから「頭

のおかしな団体はなくいなくなってください」というものまでいろいろです。補足しますと、私たちの団体が、このような連絡をいただく内容に関与していることはありません。今は、時代も変わり炎上騒ぎなどが起こらない限り、そういった内容のものは来ませんし、来るとしても誠実に「意見を伝えて欲しい」「改善するように何とかできないか」といったものに変化しています。

８．国連ユネスコからのお声がけ

「ユネスコなの、世界遺産？」と何度か言われたことがありますが、世界遺産ではありません。２０１９年に、国連ユネスコから直接ご連絡をいただき、ＳＤＧｓの４番、ＬＧＢＴと質の高い教育のためのアートイベントに、唯一の日本人として参加させていただきました。私たちに声がかかった背景は主に４つあったようです。①芸能人や有名人ではない、②ＬＧＢＴ当事者以外で、ＬＧＢＴの支援を長年やっている、③ＬＧＢＴ総合の団体の代表であることが望ましい、④アート活動をしている。この話を聞いたときに、対応していた日本セクマイ協会の担当者が、「さすがにその４つに全部当てはまるのは、うちの団体の代表しかいません」とお伝えし、エントリーさせていただき、作品を納めさせていただきました。調査はしていないので正確にはわかりませんし、未だにそうかもしれませんが、２年前の日本では、「芸能人でもな

国連ユネスコのアートイベント
SDGs４番の取り組みとして
展示された作品３点

い、ＬＧＢＴ当事者でもない一般人が代表を努めている、ＬＧＢＴ総合団体」自体を見つけるのは困難な状況でした。

２０２１年も半ばが過ぎた今、ＳＤＧｓの考え方も少しずつ普及し、私たちが活動してきた時代とは異なる反応、異なるスピードで社会は変化すると思います。これからはより一層そういった活動をしやすくなると思いますし、支援という枠を超えて自然な形で自分らしくいられる環境が作られていく時代になったと思っています。とは言え人権に関わる活動ですから、私たちが歩んできた道を少しでも知っていただくことで、持続的にその活動や取り組みを進めていただきたいと思っております。

私たちがこれまで活動してきた中で、ＬＧＢＴ当事者以外の人が関わろうとしても、多くの方が辞めていきました。過去にあった出来事を知ってもらうことで、より深みのある取り組みや活動ができるのではないかと考えております。そして、これから変容する時代を見据えて動いてきた人々はそんなに多くなく、また語れる人はほぼいないのではないかと考え、今回、いろいろ昇華し、忘れてしまう前に、お伝えしたいと思い、様々な内容を詰め込ませていただいております。

2019年10月14日(祝)

創立十五年記念式典

すべての性に、ひとりじゃない安心を

日本セクシュアルマイノリティ協会®

EESa! Every one, Education, Smile, Association

様々な立場の方約１５０名参加、聴覚障がいの方のための手話通訳者も同席、視覚障がいをお持ちの方のためには点字資料もご用意しました。会場のお花は肢体不自由のハンディをお持ちの方に作品です。自治体の市長もご登壇、海外の LGBT 団体からのビデオレター等もいただきました。

第3話
ロールモデルがなかった頃のロールモデル

◇ＬＧＢＴと結婚式

ＬＧＢＴの結婚に関して、まず知っておいた方が良いのは、日本で大きく動いた年は２０１５年５月ということです。この頃アメリカで同性婚が法的に認められたことが日本でも大きな後押しとなり、渋谷区と世田谷区でパートナーシップ条例が可決されました。これはあくまでその自治体での決め事なので、国としての法令に変化があったわけではありませんし、戸籍が男女のいわゆる一般的なパートナーが法的に婚姻関係を結ぶことは異なる上に、手続きは複雑なのですが、日本のＬＧＢＴを取り巻く環境改善のために大切な一歩でした。この条例は、自治体から同性カップルに対して結婚に相当する関係を認める証明書を発行してくれる、とても画期的な条例で、ＬＧＢＴ当事者の間でも物議を呼び賛否両論ありました。自治体のイベントでも題材として取り上げられたり、いろいろな当事者コミュニティでも意見会が開かれたりしました。不思議に思うかもしれませんが、当事者の中でもパートナーシップ条例を含む法制度を整えていくことに反対する声は、ある程度大きくあり、私たちのところにも当事者からだけでなく、テレビ関係者や新聞記者の方から、「なぜ反対意見が当事者から出るのか」という質問を受けたこともあります。新しく物事が動くときは、これまで培った価値観を変化させる必要があるので、このＬＧＢＴの結婚に関するエピソードを丁寧に伝えようとすると、それだけで、本が一冊かけるほどです。ですから、ＬＧＢＴにとって渋谷区と世田谷区は特別な地域になるのです。なお今はパートナーシップに関する条例を出している自治体はどんどん増えていますので、気になる方はインターネットで検索してみてください。また自治体により手続きも、活用できる範囲も異なります。

２０１８年頃でしょうか。渋谷のあるお店で知り合いと食事をしていた時のエピソードです。当時でも、世田谷区と渋谷区は特別で、とくに渋谷区は、ＬＧＢＴにあまり関心がない人も「（間違えてはいるのですが）日本でも同性愛者が結婚できるようになった」と感じる地域で、その印象を抱かせることができた、渋谷区・世田谷区、そこにご尽力された方々は偉大だと感じます。そしてそのお店では渋谷区だからということで、接客担当の若者に、同席者が何気なく、「この人、セクマイ協会と言って、ＬＧＢＴの団体の代表なんですよ」と伝えると「僕ゲイですよ」と返答されたことがきっかけで、若者と少し話をしました。すると「ＬＧＢＴなんて、今時珍しくないし、結婚式だって今ならどこだってできるでしょう」と言ったのです。続いて「渋谷に引っ越せば結婚もできますよ」と、とても驚きました。時代は変わったなぁという喜びの驚きです。そしてジェネレーションギャップも感じました。私の頭の中では「ついこの間も、結婚式場から相談を受けたし、地方の施設からはまだＬＧＢＴ対応したことないから、営業と集客の一環として研修をして欲しいという要望を受けたのだけれど」という言葉が浮かびましたが、飲み込みました。
そして、結婚式（披露宴含む）をあげられることが当たり前でない時代、あげることに非常に苦労した時代を過ごしてきた当事者（私）からすると、意外な衝撃を受けた瞬間でした。私自身が時代の変化と若者の感覚に、ついていけていないことを認識しました。若者の言葉は喜ばしく、非常に感慨深かったです。そして、お気づきだと思いますが、この発言は、ＬＧＢＴ当事者個人にも正しい知識がないことがわかります。意外に感じるかもしれませんが、今でもパートナーシップ条例がある地域に行けば、「何とかなる」逆にパートナーシップ条例がない地域に引っ越さなければ、「何もできない」と思われている方が、多くいらっしゃいます。

これはどちらの考え方も半分正解で、半分誤りです。

自治体が取り組む制度は、間違いなく一つずつ前進していますし、国でも法の整備が期待されています。皆さんが最大限ご尽力されている中、大まかな表現で大変恐縮ですが、わかり易く表現すると、現段階で自治体が発行するパートナーシップの契約は、公正証書を作成したり、同居を証明したりすることで成り立ちます。つまり、日本全国どこにいても公正証書をお二人で取り交わせば法的に効力を発揮することも可能ですし、反対に、条例には法的にほとんど効力がない、と考えることが妥当である場合が非常に多いのです。

では、なぜ半分正解で、半分誤りなのか？

法制度が整えば、個人に知識がなくても守られる権利や、得られる権利があるからです。しかし、法制度が整っても、周りに理解や専門性のある人がいなければうまくいかないことや、スムーズに運ばないことは往々にしてあります。前向きな例を挙げれば、ＬＧＢＴ当事者でも、婚姻関係を結べるならば、どこにいても結婚式を挙げられるでしょう。しかしその時の担当者が、「熱量」だけで対応してきたらどうでしょうか。新婚と呼ばれるお二人に対して、親しくなる前から、訳知り顔で「今までご苦労が多かったでしょ」、あるいは「僕の友人のＬＧＢＴも、この前ここで挙げたんですよ」と言われたら、少々複雑な気持ちになる方もいると思います。

つまり、逆に、法制度が全く完ぺきではない現在においても、きちんとした知識や経験、また理解する姿勢や環境などがあれば、快適に、ある程度の法的な準備や、周囲を巻き込んだ安心安全な環境を作ることが、以前に比べて、可能になったといえます。もちろん、それは完ぺきではありませんが、シンプルに、理解者やきちんとした知識を持っている、各種法律や教育の専門家、自治体の職員の方などがいれば、ひと昔前に比べて容易に、個人でそれらを準備・

整備できるようになったからなのです。

余談になりますが、若者だけの認識ではなく、「公正証書は、パートナーシップ条例がある地域に行かないと作れない」と思われている50代、60代以上の人も多くいらっしゃいます。ですが公正証書はどの自治体でも作れます。私たちは、この誤った考えを「できる」に変えて、LGBT当事者や家族のための公正証書が日本全国どこにいても、「安心して」頼むことができる専門家が増えてくれることを願っていますし、そのための資格制度や学ぶ環境を整えています。なぜなら、少し前までは断られるケースをいくつも見てきたからです。私自身も、法人を作る際に、非常識だと公証役場で対応を断られました。対応してくれる司法書士などを探すのも大変で、いろいろ断られながら、自分の足で引き受けてくれる公証役場を見つけることができました。

しかし時代は進んでいます。私たちが専門家として得た知識を公正証書作成に生かすことは、現実的に法に基づいて、LGBT当事者が婚姻関係を結ぶ時代になっても、活用できることがあるからです。

LGBTの結婚式事情に戻りましょう。

現在、ＬＧＢＴの結婚式は、今の時代であってもどこでもできるとは言えません。積極的にＬＧＢＴに対応していただく式場もある中で、積極的ではなかったり、公言はしませんが断ると決めているケースもあります。

それは前述したようにＬＧＢＴ当事者が「もっと」という過剰な期待をしていたり、「もっと寄り添って欲しい」という要望があったり、企業側（サービス提供者側）がＬＧＢＴに対する対応やサービスを軽々しく考えている（つもりはなくても）ことも原因と考えられます。軽々しく、と表現してしまうと失礼ですが、「差別する意識はないという〈気持ち〉」が主だったり、集客としての表面的な研修だったりすると、双方にギャップがあり、齟《そ》齬《ご》が生まれやすくなります。

企業側からすると、もうＬＧＢＴに対応したくない、あるいはサービスを提供したくないと感じたり、ＬＧＢＴ側からすると、不満だったり、納得がいかなかったりというような声が上がってきます。

実際に、一度挙式をして、あまり良くなかったので「もう次はやらないよ」というウェディング業界の方もいらっしゃいます。また、逆にウェディングプランナーさんの反応が過剰で辛くなり、式は取りやめ、写真だけにしたカップルもいらっしゃいます。

とはいえこれは、ＬＧＢＴに対する取り組みが話題に上り、新しいマーケットとして企業が参入してきた2015~6年頃から2018~9年頃の話です。多様性を「認める」時代から、多様性が「当たり前」の時代に変化していくと、ウェディング業界もまた変わっていくはずです。一度辞めてしまっても、今後、本質的且つ継続的な取り組みで、LGBTの挙式に対応する式場が再び出てくるでしょう。経験を積んだ式場が増え、本質的な学びや仕組みの重要性が理解されると考えられます。

もちろん、LGBT専門のウェディン業者は、いくつも誕生しています。多くはLGBT当事者の方が関わっています。LGBT当事者からすると、その方が安心できることもしばしばありますが、地域性もあり、各地域にそういった業者がいないこともあります。

ですから、先ほどの公正証書の例のように、ブライダルの専門家が、正しい知識を身につけ、経験を積みながら最適なサービスを提供してくれることを期待しています。

その理由として、選択できる幅が広がることはもちろん、カミングアウトが増えている近年、親族から祝福されて結婚式を挙げるカップルも増えていることがあげられます。例えば、高齢の祖父母に参列してもらうのに、わざわざ東京や大阪に出向いてもらうのは難しいですから、地元で安心してできればいいですよね。

2021年現在、LGBTに対してブライダルサービスを行いたいという相談を複数の方から受けています。私たちの団体では、こういった方のために、形だけの研修ではなく、学びの資格制度と実践やフォロー体制を整えているのですが、やはりと言いますか、不思議なことに「学びは必要ない。なぜならＬＧＢＴ当事者に話を聞いたから。今後どうしたらいいか個別に無料で相談に乗ってくれればよい」と言われるのです。本書を読まれていると大変違和感のある回答だと思いますが、こういった方が非常に多くなっています。そもそもビジネスにおいて「今後どうしたらいいか」という相談は、一般的にコンサル業務になります。

相談者を私たちに紹介してくださる方は、しっかりと学ばれ、その必要性を感じて、伝えてくださってるのですが。この様に浅慮に進めようとすると、サービス提供者もサービス享受者（ＬＧＢＴ）も、お互いに残念な結果を生んでしまう可能性が高くなります。もちろん、このような姿勢の業者に私たちが、当事者をご案内することは絶対にありません。

実際は、企業におけるＬＧＢＴの取組みや、サービスの提供種類やボリュームは、まだまだ地域格差、業界格差があります。シンプルにいえば、地域により選べる幅が違うのです。日本は、ＬＧＢＴを絡めず論じても、少子高齢社会のため、様々な事柄で地域格差が生じています。ＬＧＢＴに対するサービスやライフスタイルの向上は女性活躍にも通じますし、多様性の促進に繋がります。これらの理解促進や取り組みが、今後も軽んじられることなく、各地域で進展していくことを望んでおります。

◇２００４年、２００５年のＬＧＢＴと結婚観

もう少し時代を遡《さかのぼ》ってみましょう。

私たちがＬＧＢＴの総合支援活動を本格的に始めたのは２００５年ですが、その約一年前に、ＬＧＢＴ当事者の友人に結婚式について「挙げたい？」と聞くと、誰ひとりとして「ＹＥＳ」とは答えませんでした。当時は「結婚式をあげるとか考えたことない」「そんな夢物語を語るなんて変わっているね」という言葉が返ってきました。

世界中でもオランダでしか同性婚が認められていない時代でした。ですから結婚式を挙げるという表現も、教会や神社、お寺など神仏の前で誓いを立てるということは想像しにくく、「結婚式を挙げたい？」という質問も、前提としては「人前式」という認識で、結婚式（披露宴）を行うつもりがあるかというものでした。つまり、ＬＧＢＴが結婚式を挙げるということは、そもそも論として、当事者の認識からしても非常識で、考えにくい時代だったのです。

２０１０年から12年頃になると、時代の変化とともに、教会で結婚式を挙げたい、人前式でいいからあたたかい式を開催したいという声を聞くようになりました。披露宴ではなく「結婚式」です。この頃、個人での問い合わせなら、都内では一般的な式場でも、人前式を挙げられるところがでてきました。同じく個人での問い合わせであれば、牧師さんが式を挙げてくれた

ともあります。

「個人での問い合わせなら」というのは、ＬＧＢＴ団体としてお声掛けし、お願いすると、「世間体があるので、そのような団体と関わっていると思われると会社の名前に傷がつくため、内密にしてください。」という対応が多かったからです。

牧師さんの例は、対応してくださる方が少ない事例で、特定できてしまうので、ご迷惑かけないようにここでは述べませんが、たった10年前でも、細やかな配慮が必要で、対応してくれるところが少なかったことは想像していただけるのではないでしょうか。


それが、２０１５年ともなると、時代が進み、改めてご連絡をくれた牧師さんもいらっしゃり、一時期、ＬＧＢＴの結婚式をビジネスとしたい一般企業から、ご連絡をいただくことが爆発的に増えました。余談ではありますが、２０１６年頃、東京都の築地本願寺で、初めて同性同士（ゲイ）の結婚式が行われました。友人だった私は披露宴にも参加したのですが、あれだけ「神仏の前では愛を誓えない」と言われた時代を体験してきたわたしにとって、喜びもひとしお、筆舌しがたい気持ちになりました。彼らの悩みや喜びを聞いていましたし、相談を受けたこともあります。心から嬉しいと思いましたし、大きな時代の変化を体感した瞬間でした。

２０１５年以前の結婚式は、ＬＧＢＴ当事者が当事者としてサービスを提供してもらうこと

築地本願寺で初めて行われた同性同士の結婚式

が、非常に困難であったことは、想像していただけたと思います。

そのうえでお伝えすべき特徴があります。

それは、「断られるまでに時間がかかる」ということでした。

これはとくに大変なことで、「たったそれだけ?」、「当事者じゃないならそれくらい平気でしょ」と言われそうですが、やってみるとわかると思います。相手が知らない言葉を理解できるよう身を削っても、何の得にもならず、むしろ自分にとってマイナスにしかならないその時間。仮に先へ進んだとしても、お礼を言われるかもわからず、なんの得にもならない。むしろ電話代はかかるし、サポートとして寄り添い、共に移動すれば電車代やお茶代、相手企業へのお土産代を出費する。相談者は、何とかして欲しいとすがる思いなので、私たちに対する言葉や態度がきつくなる、など、金銭的にも精神的にもマイナスしかなかったのです。

ではなぜやってきたかというと、最初は、インターネットで探しても、人に聞いても誰もやっていなかった。つまり見つけられなかったのです。時代が変わり、少しずつサービスを提供する人が出てきたとはいえ、依然として「ほとんどいない」という状況には変わりはありませんでした。社会に理解者を増やし、安心してサービスを受けられるように、その提供者を作るための、架け橋となる人や機会づくりとして行っている活動でした。

では「断られるまでに時間がかかる」とは、具体的にどういうことでしょうか。

断られること自体は想定の範囲なので、違和感はありませんし、「仕方がないな」と思えたのですが、特徴的なのは、断られるまでに、必ず1時間から1時間半ほどの時間を要するのです。わかりやすく状況をお伝えすると、私たちは言ってみればお客様をご紹介しているのですが、用語が専門用語に等しいために相手に伝わらないのです。そのため、伝わるまでに時間がかかり、そしてほとんどの場合、聞いたことがない、前例がない、みっともないと、結果として迷惑がられてしまうのです。こうして時間を要しますから、一日に電話できるのは5件が限界でした。

◇２０１２年頃の結婚式の事例

Ｍさんカップルのお話です。

当時は、結婚式を挙げたいとご連絡をいただいた場合、どのような式を望まれるかご要望を伺い、電話にて、結婚式または披露宴を行ってくれるところを探しました。「リストはなかったの？」と疑問に思うかも知れませんが存在しませんでした。リストになるほど、式場が受け入れていなかったからです。そして、この頃ですら、そもそも結婚式を本格的に上げたいと声をあげるＬＧＢＴ当事者がそこまで多くなかったことと、わざわざ声を上げる方は、しっかりとした要望や理想がある方が多かったからです。例えば前回、別な方が挙げたレストランでよいかというと、そういうわけにもいかなかったのです。（正確にいうと、私たちが、その方のご要望をめいっぱい叶えてあげたかったので、常にオリジナルな提案になり、またご要望に全力で応えなければならないと思っておりました）

Ｍさんの場合は、「教会で結婚式を挙げたい。神様の前で愛を誓いたい」というものでした。そして極めつけが、「牧師さんではなく、神父さんに対応してもらいたい」です。牧師さんと神父さんの違いを簡単に言いますと、牧師さんはプロテスタント教会の聖職者、神父さんはカトリック教会、または正教会、東方正教会の聖職者です。牧師さんも神父さんもキリストの教えを伝えるのが主な仕事ですが、その立場は厳密には異なります。

実はこのパターンは2度目で、当時は牧師さんでしたら個人のお名前という条件で対応してくださる方を知っていました。しかし神父さんとなると別です。またMさんは、理想的な披露宴もあって一から式場を探す必要がありました。この頃はそうせざるを得なかったのですが、「神父さん」のハードルはとても高かったです。結果として東京都内でも、地方でも見つけることはできませんでした。しかし今では対応してくれる方はたくさんいらっしゃいます。

この時、私はブライダル雑誌を購入し、片っ端から１００件以上、連絡しました。１日５件の連絡を繰り返します。他の日は電話相談を受けたり、面談もしますし、当時３歳の子どもがいたので、専業主婦としてその合間を縫って活動していたため、数か月間、毎日雑誌とにらめっこです。結婚式場（ホテル等も含め）はなかなか色よい返事をしてくれないので、Ｍさんになんとご連絡したらいいんだろうと、気持ちも晴れやかにはなりませんでした。

そして、肝心のほぼ毎日の電話です。電話口には最初若い声の方が出られます。

（以下、２０１２年でスマホもほとんど普及していない時代ですので、ご了承ください）

吉美　「日本セクシュアルマイノリティ協会の吉美と言います。結婚式を挙げたいのですが、ＬＧＢＴってわかりますか？　セクシャルマイノリティです」

電話口①「わかりません」
吉美　「同性愛者の方や、性同一性障害と言われる方はおわかりになりますか?」
電話口①「よくわからないので、詳しくおしえてください」

そこで私は、Mさんのご希望こと、ご希望を叶えたいし、叶えてあげたい事をお伝えします。とくに、私たちの団体のこと、そして私に関しても、とにかく怪しい人間ではないことを伝えます。何しろ法人名が怪しいと言われ、日本セクシュアルマイノリティ協会／日本同性愛者協会という法人登記が渋られた時代です。

電話口①「そうですか、わかりました。それってつまり、お客様をご紹介してくださるということですよね? 僕はぜひ協力させていただきたいです」

この時、場合によっては、窓口の方が帰国子女で、海外と日本の違いに憂いていたお話や、知らないことだったからできることを協力したいと言ってくれる方も多くいました。

吉美　「それはうれしいです。ありがとうございます」

電話口①「はい。お客様を紹介してくださるわけですから、こちらが断る理由はありません。ただ、初めての案件なので、上司に相談します。電話を代わりますのでお待ちください」

ここまでで、だいたい30分かかります。

電話口②「お電話変わりました」

電話の担当者が変わります。最初にお話ししてくれていた人の上司にあたるのだと思いますが、先ほど電話口①で説明した内容をもう一度求められます。同じように、LGBTが何なのか。私たちが何なのかをお伝えします。面白いことに、印象としてはどの結婚式場の電話でも、受ける印象はほぼ同じで、最初に出られた方は、「よくわからないけど、まあお客さんですよね？」もしくは「なるほど、応援させてください」というパターンがほとんどです。いきなり切られることはほぼありませんでした。そして、電話口②（お二人目）になると、少し硬い雰囲気になって、話を聞いてくれます。

お一人目の電話口の方と同じように、最初から全部話すこともあれば、既に伝わっていることもあり、ここで要する時間は2、30分です。

吉美　「いかがでしょうか？　結婚式、お願いできますか？」
電話口②「神父さんを呼んでの結婚式は難しいですね。前例もないですし。人前式なら可能かと思いますが…。それも支配人に確認しないと何とも言えません。レストランではダメなんですか？　レストランウェディングも素敵ですよ」
吉美　「おっしゃることは理解できますが、教会ウェディングをしたいということが、一番のご希望なんです。でもわかりました。人前式で、神父さんを呼んで行うことは可能ですか？」
電話口②「そうですね。人前式ならおそらく。その場合、御社（日本セクシュアルマイノリティ協会）のお名前は出さないでもらえますか。他の方が、弊社で結婚式をしたくないとなると困りますので。内密にお願いいたします」
吉美　「はい。わかりました。御社の名前を出すこともご案内することも致しません」
電話口②「それなら大丈夫だと思います。これも人助けになりますしね。ところで、やってくれる（式を挙げてくれる）神父さんはいるのですか？」
吉美　「いいえ。それがなかなか…」
電話口②「そうですよね。逆にいたら紹介していただきたいですね」
吉美　「わかりました。結婚式場も、なかなか対応してくださるところがないので、助かります。とても嬉しいです」

電話口②「私だけでは決められないので、支配人に確認しますからお待ちください」

だいたい、ここまでたどり着きますが、50分から60分かかります。LGBTを耳にしたことすらない、知らない人がほとんどですから。ここまで来ても、あまり期待ができません。ほとんどの場合が、責任者・かなりの確率で支配人や総支配人の方が電話対応してくれますが、正直なことを書けば、ある程度の知識がある担当者なら、最初に断ってくれる可能性もあり、こちらの労力も1分で済みます。つまり、お互いに余計な時間を取らずに済むのですが、よくわからない問合せだから、支配人（責任者）がガツンと！というところが本音だったのかなと感じています。

電話口③「お電話変わりました。どういったご用件でしょうか」

吉美「初めまして。日本セクシュアルマイノリティ協会の吉美と申しますが、いま私共の協会に、同性パートナーの方と結婚式を挙げたいという方がいらっしゃいます。今、電話で親切にお話を聞いていただき、神父さんがいた場合、こちらの式場で人前式なら挙げさせていただくことが可能と言っていただいたのですが、いかがでしょうか」

Mさんのご要望に100％応えられるところは、もう今までの経験でなかなか難しいことはわかっていますので、どの程度であれば対応可能かどうか確認しながら進めます。

電話口③「大変失礼ですが、随分世の中を馬鹿にしているお名前ですね。弊社も看板を背負って商売をしていますから、お客様の手前、あまり変な方に関わっていただくと困るんです。」

吉美「はい。そうですね。他のお客様がいらっしゃると思いますので、比較的一般の（LGBTを知らない方にお伝えするので、どうしてもこのような表現になります）お客様が少ない日などで対応していただくことは可能でしょうか？」

電話口③「世の中に何人もいないような人のために、弊社の名前を傷つけるわけにはいかないんだよ。君も常識的な人間ならわかるだろう。こんないたずら電話みたいなことしてきて頭がおかしいんじゃないか？」

新しいことなので、あまりに非常識と思われているのでしょう。接客のプロ、支配人の肩書を疑いたくなるような口調になぜなってしまうのか、もしくは一種の営業妨害だと思われ、毅然とした態度で対応されているのかな？と感じていましたが、それにしても早い段階で、驚くほど強い口調になられる方が多かったです。私のことをLGBTというより、声から「女性」と認識されたでしょうし、そのような女性に対する認識、時代背景も感じておりました。当時の私は、今よりずいぶん穏やかに話をしていたので、より強く言いやすかったのだと思います。話は逸れますが、大学時代の友達からは「よしみは絶対キツイことを言わない印象だから、少しでもキツイことを言うと、傷つく。他の人が言っても全然傷つかないのに。不思議」と言われるようなトーンでした。

吉美　「そうおっしゃっても、LGBTって世界でも5％ほどいると言われているんですよ。国や地域によっては20％だというところもあります。その5％も、以前は1・9％としていたところです。海外に居て、日本にいないとはありえません。事実私の周りにもたくさんの人がいるんです。何人もいない、ということはないんです。もし、LGBTが少ししかいなくても、今回断る理由にはならないと思います。結婚式を挙げたいと、成人されて働いているお二人が望んでいるんですよ」

この話の流れになると、ここでは難しいとわかりますし、仮に論破して挙げたとしても、お客様としてMさんカップルが気持ちよく過ごせるとは思えません。けれども、知ってもらわなければ変わらないので、「いるんだよ」ということはお伝えするようにしていました。

電話口③「君、結婚していないでしょ。だからこんなことやっているんだよ。こんな非常識なことして、恥ずかしくないのか？」

吉美「結婚はしていますよ。先ほどの方（電話口②）は人前式ならと仰ってくれたのですが、難しいということですね」

電話口③「当たり前だ。君みたいな頭のおかしいのがいるから世の中おかしくなるわけだ」

吉美「そうですか。わかりました。ありがとうございました」

こうして支配人との話は終わります。今考えると、すごいことですよね。今この事例を書きながら、事実なのに、自分の記憶を疑ってしまうような内容です。当時は慣れてしまっていて、でも悪意のある言葉を浴びると、非常に疲れたのを覚えています。ショックというより、力が抜ける感じでした。最後、電話を切るときに、とても申し訳なさそうに、最初に対応してくれた、電話口①の方がこう言ってくれました。

電話口①「本当に申し訳ありません。僕も非常にショックです。お客様にこんなことをいうのはよくないとわかりますが、まさか自分の勤める会社がこんなところだとは思いませんでした。本当に申し訳ございません。情けないです」

吉美「いえいえ、そう言っていただけるだけで感謝です。難しい事柄ですから、支配人さんがおっしゃることももっともです。あなたみたいな人がいてくださると、これから少しずつ社会も変わっていきますね。ＬＧＢＴの方は本当に身近にいらっしゃいますから。ちゃんとお話を聞いてくださってありがとうございます」

電話口①「いや、本当に、恥ずかしいです。僕はショックで、そんな風に言ってもらうところじゃないと思います。自分の会社がこんな会社なんて、もう勤められないかもしれない」

吉美「えー。そんなことおっしゃらずに。今回のように団体から連絡来るということは、まだなかなかないでしょうけれど、ＬＧＢＴ個人の方が問い合わせてこられた際には、優しくしてあげてください（笑）。何とか前向きに対応できるように尽力して差し上げてください。ありがとうございました」

電話口①「僕の方こそありがとうございます。応援しています」

以上、電話を切るまでに60分から80分ほどです。長いと90分になることも。嘘のように感じるかもしれませんが、本当の話です。現在は、ＳＮＳで、各個人が意見を気軽に言える時代です。いろいろな長所や改善点がありますが、時代を変えていくためには、ＳＮＳは重要な役割をしているのだと感じています。

この時の電話口①の方は涙声で辛そうだったので、よく覚えています。涙声になった方は、そう多くはありませんでしたが数人いらっしゃいました。当時は今よりも多くの人が、私たちのことを、「気持ちが悪い」「理解できない」という反応でしたので、まずサービスを受けられるのか受けられないのかの結論を出すために、ＬＧＢＴを知っていただく必要があり、この「３人に説明が必要」なパターンが９割でした。そして電話を切るときは、最初の方（電話口①）が、申し訳ありませんと謝ってくれるのです。中には「私、ＬＧＢＴとか聞いたことないけれど、いいですねそういうの！」とその場でご自身の価値観や見識を広げてくださる方もいました。支配人や総支配人という立場の方が、かなりきつい口調で電話越しに相手（吉美）を否定しているので、新しい価値観を受け入れるタイプの人は衝撃を受けることは想像できます。この世代間ギャップといいますか、認識の違いは２０２１年現在でも感じています。

余談になりますが、子育てを経験された方には、３歳の自分の子をそばに置きながら、数か月、電話し続けた日々がどんな状態だったのか想像つくかと思います。私のパートナーは、理解力も共感力もありますが、会社員ですのであまり家にはいませんし、時間もお金も限りがあり自由になりません。我が子はかなり夜泣きがひどかったので、「世の中のルールに縛られない。自分らしく対応する」ことを意識していないと負けてしまいそうでした。（お金をもらってやっているわけではないですし、誰かに褒められるわけでもないので、何に負けるかというとよくわからないのですが。）

今も昔も、ゲイの親友とわたしたち家族は一緒に暮らしていますが、この頃は兼業では無く、この活動だけをしていたのは私だけになります。設立メンバー4人で活動するのは週末と平日の夜仕事が終わってからでした。そのようにして、ＬＧＢＴの生活環境改善のためにできることをしていました。親友との共同生活は今年で18年目になります。今この本を執筆していると、そんなこともあったなあと思います。

結局Ｍさんの結婚式は、「神父さんに来てもらって教会で挙げる」ということが叶いませんでした。式場を探している間、Ｍさんも状況をよくわかっていらっしゃるので「そうですか。焦ってはいませんのでいいですよ」とよくおっしゃっていました。最終的には、「披露宴はできる」、「教会を背景に写真を撮る」という式場を見つけ、そこで式（披露宴）を挙げました。

私たちはどうしたのかというと、式の打ち合わせに同席しながら、ＬＧＢＴが良くわからないスタッフにレクチャーをしました。ですが、残念なことに、「失礼ですが、こういった団体（ＬＧＢＴ）の人が出入りしていると、ウチの評判を下げるかもしれないので、あとは私たちだけでやりますから…」と、責任者の方からそう告げられました。Ｍさんに今後同席できないことを伝えると、パートナーが「では吉美さんたちはこれで終わりなんですか」と言ってくれましたが、当時の状況を考えると「式を挙げたら報告してくださいね」と答えることしかできませんでした。

また少し心に引っ掛かったＭさんの「こんなこと（式場探しや法律相談、保険の同席など）、好きでもないとできないですよね。でもまあありがとうございました。」という言葉がありました。私たちがいくら努力しても、ある意味あたりまえにそれは関係なく、１００％望む形で式を挙げられないことが、残念なのだろうなと、何とも言えない気分になりました。

余談ですが、私たちはこの時も、どなたからも1円もお金はもらっていません。そしてまだこの時は、丁寧に真心こめて対応していけば、本当の意味での協力者が現れると思っていたので、ボランティアと言えば聞こえはいいですが、自分たちの資産と、精神と、時間を削り続けるだけで充足感は得られないサポートをしていくこの不自然さに、気付いてもいませんでした。

その後、お二人から手紙と写真が届きました。「吉美さんたちがいなくなって不安でしたが、何とか無事に結婚式を挙げられました。ありがとうございました」とのコメントがありました。

このエピソードは、大昔の話ではなく、10年前です。これが日本、そして東京の現実です。

２０２１年、パートナーシップ条例が施行されて、ＬＧＢＴのパートナーの在り方は、前向きに進んでいると言えます。「進んでいない」と言われる方は、おそらくここ最近の状況しかご存じないので、一度深呼吸していただき、焦るお気持ちを抑えて、日本では日本人らしい取り組みや進め方で、状況を前向きに前進させていきましょう。

◇ＬＧＢＴと自治体

ロールモデルがなかった頃の自治体はどんな状態だったのでしょうか。

私たちが自治体にＬＧＢＴに関する相談窓口や、取り組みに関する確認に初めて自治体に訪問したのは２００４年でした。その頃は「ＬＧＢＴ」という言葉は日本にはありませんでしたので、「同性愛者」や「性転換した人や、したい人」「男性でも女性でもある特徴を持った人」というような表現で伝えていました。当時、既に東京でＬＧＢＴのパレードが行われていたことがあるので、都はその存在を知っていたはずです。

パレードというのはデモ活動になりますので、自治体に事前報告が必要です。ですから、そういう意味では昔から都会の自治体では認識されていたのだと思います。

当時は、人にLGBTのことを話せば、ポカンとされる時代。否定されることもないけれど、何を言っているのか全く理解されない時代でしたので、LGBTの存在を理解している東京へ赴くのではなく、わざわざ自分たちの住んでいる近隣の自治体（静岡県の沼津市、三島市、富士市、富士宮市、静岡市、浜松市…神奈川県横浜市、愛知県豊田市、岡崎市、山梨県甲府市など静岡を中心に4県）を10カ所以上は回りました。

一番初めの構想から、私たちの軸にあるものは「ありのままを受け入れて、安心な環境を作る」ことだったので、ライフスタイルの選択の自由に重きを置いていました。そのため自治体に色々尋ねてきました。制度、福祉課担当者の考え方、支援策の有無、生活に関わるサービス（結婚式や葬儀、老人ホーム）などについてです。

大体は総合案内でどこに行ったらいいか聞き、生活環境課のようなところで担当者から「日本ではまだまだですね」、「そういう方もいらっしゃるとは思いますが、相談に来られません」「サポートなどは特になく、そういった地域の集まりも聞いたことがない」ということを聞きました。最後には「日本では進む事はないでしょうね」、「欧米とは違います」という言葉をおっしゃる方もいらっしゃいましたし、「頑張ってくださいね」と言ってくれるところもあれば、「ちょっと解りません」と言って私が帰るのを待つところもあり、さらにきつい言葉で怒られることもありました。最終的には「もう仕方がないか。これが現場（現実）か」というようになるのが、当時の日本の自治体でした。

２０１５年には、自治体も世間全体も大きく変わった、という話をしましたが、２０１５年に埼玉、神奈川の自治体に、同じ内容で相談に行ったことがあります。その際には、「東京は進んでいますね。こちらはまだまだです」という回答が返ってきました。もちろん、２０１５年になると率先的にやっている、やろうとしている地域はありました。ただ、意外なほど都心に近い地域でも「ウチはまだまだです。いずれ○○地域が進んだら…」というような回答が多かったのです。２００４年と違ったのは、自治体の方は皆さんＬＧＢＴを知っていてくれたことです。本書を読まれる方は、その頃は誰でも知っていたとおっしゃるかも知れませんが、２０１９年頃でも私が名刺交換をする際に、「我が社はものすごく力を入れていますよ、このＧＢなんとか（ＬＧＢＴ）」「最近流行っていますよね、このＬＧなんとか（ＬＧＢＴ）」なかには「聞いたことありません」とおっしゃる方はかなりの数いらっしゃいました。正直、２０２１年は「全く聞いたことがない」という人はかなり少なくなりましたが、それでも「同性愛者の人」「カルーセル麻紀さんや、はるな愛さんのような方です」と説明して思い出してくれる人も、補足込みで「聞いたことがある」という反応の人もいるのです。ですから、2015年に、いくつかお声がけさせてもらった自治体さんが、皆さんLGBTという単語を否定することなくお話ししてくださったのはすごいことだなと感じています。またこの頃、率先的に取り組もうとしている自治体では、パートナーシップ制度こそできてはいませんでしたが、きちんと担当者が配置されていました。例えば北海道の札幌市は、ことさら早く、そしてとても丁寧に進められている印象でした。

2016年、2017年、東京都を中心に多くの自治体のお話を聞くチャンスが増えました。私たちでできることがあればと足を運ぶことも、お電話で対応することもよくあり、様々な角度でお話をさせていただきました。結婚式を挙げたいと言っていた人たちのために動いたのと同じように、理念と情熱のみで動き、社会でLGBTやマイノリティと言われる人との、多様性のある共生社会の実現のために、経験から得た知識も含めて、理想の社会について応えられることは全て答えてきました。

また、陳情書が出たけれど、どう対応していいか困っている自治体へ参考例を伝えたり、海外と日本のLGBT当事者のあり方や考え方の違いのお話もしました。

日本は島国ですし、その歴史からも、日本独自の取り組み方があると私たちは思っています。LGBT当事者やその家族に関わってくることですから、海外のやり方を模倣するだけでは日

多様性のある共生社会実現のための取り組みをされた学校、自治体、学校、ビジネスパーソンなどを表彰させていただくEESa!Award。２０２０年度は初となるオンライン開催を実施。また自治体部門では東京都府中市が丁寧な取り組みと共に、市長自らが率先してLGBT基礎理解検定を受講され、社会に影響のある啓発活動にご尽力された背景から、日本セクマイ協会の副理事望月雅子と、同理事で埼玉県所沢市の教育委員でもある清水國明と共に表敬訪問。

本にあった取り組み方ができるとは言い切れません。ですから、そのようなことを踏まえて海外のＬＧＢＴと日本のＬＧＢＴはどう違うのかをお伝えすることもありました。
　今では、多様性の促進と共生社会のより良い実現に向けて、ジェンダー平等の考え方は重要視されていま

す。自治体でもパートナーシップ条例の導入や、具体的な取り組みをされるところが増えました。

例えば、東京都府中市の例を挙げますと、2015年を経て、相談窓口を設置し、すぐに活用されないからと切り捨てるのではなく、より市民に活用してもらうにはどうしたらよいか。陳情書が提出されてどの様に進めていったらよいかなど、丁寧に、そして確実に一歩ずつ進めていらっしゃいました。条例を制定した後もより具体的な取り組みや、首長である市長自ら、また議員さんや市の職員さんが理解を深める行動をとり続け、いわゆる活動家ではなく、カミングアウトをほとんどせずにいる、会社員や学生、主婦の方など、サイレントマジョリティと言われるLGBT当事者との交流を重ねて進めてくれたことは、非常に地に足のついた、またパフォーマンスではない実直な取り組みだと感じております。

◇LGBTとトイレ事情

最近、多目的トイレの名前を変えようというお話が出ています。いわゆるトランスジェンダーと言われる、出生届の性別と心の性別が一致していない方は、端的に他人が認識する外見の性別とは違うトイレに入りたくなるのは当たり前でしょう。

わかりやすく表現すれば、男性の見た目で女性のトイレに入る事は難しいということです。しかしこのいわゆる男性は、心が女性であった場合やはり男性トイレに入る事は大変苦痛を伴うのです。もし今本書を読まれているあなたに、「いつも違うほうのお手洗いに入って」と言ったらどうでしょうか。なかにはとくに「問題ない」、「いつもと同じように入れる」。という人もいるかもしれませんが、多くの人は様々な理由がよぎり、怯んでしまうのではないでしょうか。

当事者側の、自分たちＬＧＢＴ当事者が入りやすいトイレがあれば良いのでは…という意見もあるなか、実際作るとなると、目立つのは嫌だという声も上がってきます。

例えば、いわゆる男性の格好で女性のトイレに入った場合、事件につながる可能性があることも想像できますが、ＬＧＢＴ当事者本人にとっては、それは全く関係のないことであり、問題なのは、ＬＧＢＴに配慮した対応や対策に便乗して、悪用する人がいるということです。理想としては、本来は心の性別でトイレに入ることができ、またそれを許容できる環境があることが望ましいのです。一方で、やはり体の大きさが違うとか、本能的な感覚で女性トイレに男性が入る。もしくは男性トイレに女性が入ってくるというのは違和感を覚え、居心地の悪さを感じる人も多くいらっしゃいます。お手洗いは無防備な場所ですし密室になります。さらにト

イレの使用者は年齢も、身体的特徴も違いますので、よって「万人が完ぺきに満足できる答え」というものはでないのです。
私たちがアドバイスを求められた際には、先に述べた内容をお伝えするとともに、どのように取り組みを進めていったらいいのかということもお話しております。
ＬＧＢＴに関する知識というのは当事者以外はもちろん、ＬＧＢＴ当事者自身にも、正しくしっかりと入っているわけではありません。当事者自身も含めて、日本ではまだ文化も浅く、自然な形で毎日を過ごすということが馴染んでいないことの方が多いと感じています。
お手洗いは、議題としてわかり易いものですし、日常に直結しているので解決して

欲しい問題でもあります。わかり易い、明確な困りごとという事情もあったり、またお手洗いに関する訴訟問題があったりして、一時期トイレに関する問い合わせが非常に多くありました。直接、高速道路関係者や学校、学生（中学生から大学生まで）、自治体、その他の公的な施設、企業様からご連絡をもらい、どのように取り組み、進めたらいいのかというアドバイスを求められることが多くありました。かなりの数に回答させていただきましたがこれも一筋縄ではいかず、単純にお手洗いを変えれば解決する、多目的トイレを利用すればいいと思っている人が多かったのが特徴です。約10人に1人いるＬＧＢＴ当事者。トランスジェンダーの割合は決して多くありませんが、単純に今ある多目的を利用するだけだと、やはり同じような割合でいる肢体不自由の障がい者が利用するトイレが減ってしまいます。障がい者が

※あくまで、一例です。
性の在り方はもちろん考え方、
表現も多種多様です。
伝わりやすくする為の一例です。

主に使われるとされていた多目的トイレは、一時期ユニバーサルトイレと言われた時期もありました。

お手洗い一つとっても、LGBTだけの問題でないことがわかりますし、正しい知識や経験、多角的な視点や継続した取り組みなど、まだまだ現状は改善点を残したままです。皆が正しい知識と、ニュートラルな理解をもって、ユニバーサルトイレという表現がめざした環境を、実現できたらいいなと考えています。

海外では、オールジェンダ

ートイレや、逆に男女のみを両方表記している地域もあります。ここではどのＬＧＢＴ先進国でどの地域かなどは記しませんが、国民性や全体の理解度にも左右される部分があるのだと感じております。

◇ＬＧＢＴと住宅

２０２１年でも、意外と知られていませんが、ＬＧＢＴ当事者同士で住宅を「借りる」場合と「買う」場合では、課題はそれぞれ違っていました。課題とは何だったのでしょうか。

２００５年当時を振り返ると、同性同士で家を借りることは困難でした。特に男性同士は難しく、ほとんどは断られる状況でした。ＬＧＢＴと言っても、例のごとく、当時ＬＧＢＴという言葉自体がまだないに等しく、同性愛者の方が男性として家を借りるときは、理解のある不動産業者を探し、相談に乗っていただいたことが何度もありました。

結局、問題なのは、まず不動産業者の知識や理解がどれぐらいあるのか。それから最終的に貸すことを決断してくれる「大家さん」に、どれだけの知識と理解があるのかでした。同性愛者の方がパートナーと家を借りられるかどうか、というのはそこにかかっていたのです。

なぜ、女性より男性同士の方が大変だったのか。それは男性同士の場合、犯罪につながる可能性が高いという先入観と、ＬＧＢＴとは関係のない背景からの懸念事項に該当する事実があったからです。

これは、当時、何度も言われました。また事実、犯罪は全く関係なかったとしても、大家さんの心配はそれだけではありません。地域住民への配慮です。どれだけ周囲に受け入れられるか。同性愛者の人がそこに住んでいるということで、周りから変な目で見られないかということを心配される声も多くありました。その点は、ＬＧＢＴ当事者も心配しており、私たち協会が「どこまで守ってくれるのか」「どこまで地域住民に〈正しい知識〉を広めてくれるのか」ということを求められる事もよくありました。

ただ、２００５年から約10年間、ずっと動いてきて感じたのは、大家さんの心配は、周りから好奇の目で見られるということももちろんあるのですが、それ以上に「犯罪事件などを起こす確率が高くなっている」という認識を持たれているということでした。気持ちとしては受け入れたい、受け入れてあげたいけれども、どうしても1番の心配は犯罪に発展しないかどうかですから、ときには私たちの団体（協会）を通じてなら、「紹介を受け入れます」という方もいらっしゃいました。また「協会の方は同性愛者の方がわかるのですよね。協会が保証してくださいね」とおっしゃる大家さんや不動産業者もいらっしゃいました。

つまり、不動産の賃貸に関しては、明確に「男性同士は犯罪リスクが高い」ということがあり、この場合、男性同士という事実だけで、男性同性愛者という意味ではありません。ＬＧＢＴということ以前に、同性で借りるということ自体に、社会的課題がありました。ＬＧＢＴだけでない、他の課題と結びついていたと言えます。

その反面、売買についてはこのような課題は低く、不動産業者からは、「賃貸より売買の方が対応してあげられる」と言われていました。大家さんの知識や理解は不要だからです。また、「対応してあげられる」の発言でもわかるように、この頃理解を示してくれる数少ない不動産業者ですが、世の中のＬＧＢＴに対する「理解の仕方」が垣間見られます。

結婚式同様、協会がお客様をご紹介するにしても、「受け入れてあげている」という認識の方も見受けられるその一方で、「知らないこと」「未知のことだけど、困っている」として一生懸命考えてくれる方もいらっしゃいました。

つまり、売買に関しては賃貸と別の課題はあるものの、不動産担当者ご自身のＬＧＢＴに関する正しい知識不足、曖昧な理解による、配慮に欠ける取り組みや対応を改善することが重要でした。ご自身も、賃貸より売買なら、仕事として割に合うとお考えだったと思います。そしてこの考え方を知ることは、ＬＧＴＢ当事者が安心してより良い商品サービスを享受していくために、今後より多くの人が〈正しい知識〉を身に付け、継続的に商品サービスを展開するためにも、とても大切だと考えています。

不動産屋さんの声【事例】（2015年）

２０１５年、当協会に渋谷でＬＧＢＴ向けの不動産屋さんを開業したいという方からご連絡がありました。今から記す内容は、本書を書くにあたり、当時マーケティングを担当されていた方に、２０２１年にインタビューをさせていただいたものが含まれます。

また、この担当者は、「ＬＧＢＴ専門の不動産業者はまだない」とのことで、最初は一緒に進める予定でしたが、営利を追求したい株式会社の考え方と、理念と情熱のみで長年取り組んできた団体（日本セクシュアルマイノリティ協会）とは、価値観・スピード・当事者に対する気持ちの在り方などが一致せず、実際はＬＧＢＴに関することをさまざまにお伝えして、それぞれに努力する選択をいたしました。少しずつ、そして勢いよく、ＬＧＢＴに関わるビジネスが生まれてこようとしていた時代です。

私たちの団体は、支援や寄付という形ではなく、日常生活に当たり前に存在していくために、カミングアウトしても、カミングアウトしなくても、日々の生活で多くの選択肢が用意され、またそれが安心してできる、心地よいものである状態を作るために活動を続けていました。ですから、このような声がかかる時代になったことは、大変うれしく、時代の変化を如実に感じました。
以下、吉美とマーケティングの方（以下、Tさん）とのやり取りです。
吉美「お久しぶりです。お元気そうでよかったです。ご活躍ですね！」
Tさん「ありがとうございます。僕でお役に立てることでしたらお答えしますよ」
吉美「では当時、私たち（日本セクシュアルマイノリティ協会：以下、セクマイ協会）にご連絡くださった理由を教えていただけますか？」
Tさん「シンプルにいえば、ＬＧＢＴの専門媒体がなかったんですよ。ウェブマーケティングをしていくのに、プラットホームも、媒体も何もないので、広告の打ちようがなかった」
吉美「なるほど。確かに、インターネットで検索をすると、当時はセクマイ協会が、いろいろと一番で出てきていましたよね」
Tさん「そうですね。なので、はっきり言って吉美さんのところしかなかった。つまり〈ＬＧＢＴ〉という言葉が世の中的にはなかったじゃないですか。だから、キーワードとして〈ＬＧＢＴ〉も〈同性愛〉も全くアクティブじゃない。採算取ろうと思うと成立しなかったんですよ」

吉美　「あはは。すごく健全に、ＬＧＢＴを市場として見てくれていたんですね。本当はその考えでも進めた方が、社会の中で、ＬＧＢＴは一人の人として当たり前に価値が増すから、業界として自立できるし、差別とか減ると思うので、すごくいいんですけどね」

Ｔさん「ＬＧＢＴは難しいですよ」

吉美　「２０１５年の時は、Ｔさんだけじゃなくて、もう一人、一緒にお仕事していた方が『〈ＬＧＢＴ〉という言葉を使って、株式会社がインターネット上で広告を出そうとすると、日本ではまだ引っかかって、はじかれちゃう。だから吉美さんのところのような非営利の社団法人とかと、カモフラージュしながらやる必要がある』って、おっしゃっていた気がします。つまり、株式会社はそもそもＬＧＢＴの単語を使って広告を出せないと言っていましたよね」

Ｔさん「そんなこと言っていました？　それは、まだＬＧＢＴに関する媒体もプラットホームもない時代だったからと思うのですが…。はじかれるというのは、どういうことでしょうかね」

吉美　「なるほど…そんなに、日本の社会でＬＧＢＴに関する媒体って未成熟でした？（笑）」

Ｔさん「ＬＧＢＴは吉美さんのところしかなかったですよ。当時って、ＬＧＢＴって言葉がなかったので」

吉美「なかったというか、当事者でも知らない人が多くいましたよね。実際は言うほどメジャーじゃなかったし、使うのを嫌がる人が多かった気がします」

Tさん「そうそう、できたばかりで、ＬＧＢＴとして存在していない。結構まだ、実際のところはＬも、ＧもＴもＢもみんなばらばらだったじゃないですか」

吉美「よくご存じですね。お詳しいですね。Ｔさんが今言っているＬＧＢＴって、〈総合〉〈セクマイ全部〉って意味のＬＧＢＴですね？　確かに当時は、ＬＧＢＴと表現すると、『なぜ一緒にしちゃうのか。全然わかってない』っていう人の声も大きかったですよ」

Tさん「そうです。ゲイ向けとかはありましたけどね。だから、ＧもＬも一緒に、ＴもＢも…というと、広告を打つ先がなかった。実際はみんなばらばらだったから。一般的には、有名なブロガーさん、最近だとインスタグラマーとかいますけど、ＬＧＢＴとしては、ブロガーとかそういうのがなかったんですよ。広告が打てるように業界を成り立たせるには、新しい言葉が生まれて、それが認知されて育っていく必要がある。当時はＬＧＢＴという言葉は生まれたばかりで、まだきちんと認知もされていなかったですからね。業界が育っていないから、大手不動産会社もいろいろ大変そうでしたよ」

吉美「約5年で、随分変わったと思います」

Tさん「繰り返しになっちゃうけど、当時はLGBTって言葉ができたばかりで、実際はまとまっていないし、まとまっていないというより、プラットホームも、媒体も何もなかったから、だからセクマイ協会さんと出来たらいいなと思ったんですよ」

吉美「そういうことだったんですね。改めて聞くと懐かしいですね。いろいろ。今回はお話を聞かせてくださりありがとうございました」

Tさん「こちらこそ。当時を知らない多くの人に、日本の歴史を知ってもらえるといいですね」

当時も、また今も、様々な業者または新規事業を始めたい方、イベントを行いたい方などが、私たちの団体に声をかけてきてくれます。日本人の心や、日本の風土に合った形で、すべての人が生活面で安心できると良いなと思っています。

◇ＬＧＢＴと保険

保険というと同性パートナー同士で生命保険の保険金を受け取れる。またはトランスジェンダーの方が性別適合手術などを受けて、ご自身が生命保険に入れなくなっているというようなことを主張する方もいらっしゃるかもしれません。少し前までは身体的に全く問題がなくとも一緒に住んでいる同性パートナーに保険金を残すことすら困難な時代がありました。

また残念なことにトランスジェンダーの方は手術や治療などの関係上、やはり保険に入ることは難しいという現実はまだ付きまとっています。

「日本第一号」の表立っての事例は、日本セクシュアルマイノリティ協会（一般社団法人シャルフレーム）が、同性パートナーを持つ当事者を、保険外交員にご紹介し、常に相談に同席しながら架け橋となり、受け取り可能にしたものです。当時、保険外交員にＬＧＢＴの知識・対面経験はなく、また表面的な基礎知識でよいわけではないので、この時は10回ほどの面談のすべてに同席し、外交員のフォローをしながら、同性パートナーさんたちが安心して契約できるように配慮しました。そしてその外交員が「日本初の取り組み事例」にするぞと、意気込んでいたのでよく覚えています。保険業界にいらっしゃる方は「我が社は早くから、ＬＧＢＴの契約事例がある」と言われる方もいらっしゃるでしょう。私も当時、保険業界がＬＧＢＴに関する盛り上がりを見せたころに、様々な保険外交員の方から、「実はウチも事例がある・・・」ということを見聞きしていますが、２０１５年当時、日本において社内だけでなく、一般に正式に発表されている情報としては、同性パートナーを持つ人が、保険金受取人にそのパートナーを指名して、生命保険に入れたという事例はまだなかったと記憶しています。

当時アメリカの同性婚や、渋谷区と世田谷区のパートナーシップ条例が進んだことによって、保険会社も同性パートナーの受け取りを可能にする動きを加速させました。また、「ダイバーシティ（直訳すると多様性）」として、取り組みの幅を広げるところもありました。しかし、保険業界ということではなく、なかには単純にＬＧＢＴのシンボルとされるレインボーフラッグやレインボーマークを掲げるだけで、特に丁寧な研修を行うわけでもなく、人を育てるわけでもなかったために、ＬＧＢＴ当事者から共感してもらえず、取り組みを進めることができなかった事例や、取り組みを止める事例もありました。

ＬＧＢＴ当事者の方も、ライフプランを作ってもらい期待するなかで、到底理解しているとは思えない、また配慮しようと努力していないであろう人に対応され、残念な結果になったという話をいくつも聞きました。

これは、保険に限ったことではありません。正しく知り丁寧に取り組むことは信頼に繋がると感じると共に、「ＬＧＢＴへの配慮ができる〈人〉と〈場所〉」の存在の大切さを改めて認識しています。「配慮」とは多角的に考える必要がありますが、ＬＧＢＴを始めとするマイノリティが安心して相談やサービスを享受できる社会を築くことで、多様な性があることが当たり前である社会・誰もが安心して暮らしていける社会が成り立つと考えています。とくに今の時代はまだ、大都市と地方では社会全体の取り組みの度合いも環境も全く異なるため、より一層意識的に、正しく知り丁寧に取り組むことが共生社会の実現には効果的でしょう。

余談ですが、当時はまだ「ダイバーシティ（多様性）」という考え止まりで、多様性が「当たり前」という考え方はありませんでした。「ダイバーシティ・インクルージョン」という表現もここ最近になって使われています。つまり、この意味は、性別・年齢・障がい・国籍・価値観などの内面や外面の、ある種の属性とも表現される部分に関わらず、それぞれの個を尊重し、認め合って良いところを生かすとされています。また、２０１５後半から２０１７年後半にかけて、私たちに急増していた問い合わせの一つが、「レインボーを掲げるのに許可は必要か？」というもので、正しく学ぶ意識より、まずはとりあえずレインボーマークを掲げて集客をしたいというものが多かったことも印象的でした。そして正しく学ぶ必要性、丁寧に取り組むことの大切さはあまり理解されませんでした。

話を保険に戻しましょう。保険は、例えば公正証書を結んでおり、加えて一緒に住んでいることが証明されれば、同性パートナーの受取人にする事は以前に比べてかなり容易になってきました。私たちはもともとＬＧＢＴ当事者の共済のようなものを作りたいと願っていました。しかし、その共済が作りやすかった時代にはまだ、大きく世論を動かすこと、また企業の方を動かすことは出来ませんでした。２０２０年を迎えて、私たちの団体ではありませんが、他の団体が保険を作ろうと尽力しています。２００５年に、正式に団体を設立したときの１つの願いでもあったＬＧＢＴの保険が、今後どのような形で展開されていくのか楽しみでなりません。

また保険という観点ではいくつもの話題が出てきますし、今後も議論され、整えられていく必要性があります。しかし本書では多くを語る必要はないと思いますので割愛します。

保険とは「安心の一つのカタチ」だと思います。保険という観点で、もう一つ私が団体を作ったときに込めた思いとして「この団体に所属すれば安心だ」と感じられる「自分の居場所」、「困ったときには何かしらのリアクションをしてくれる」そのようなものがあれば、いいと思ったのです。時代が進み、国や自治体で制度が整ってきたときに、そこに「頼れない人」、「頼りたくない人」でも、安心できる仕組みです。

今、時代は変わり、インターネット、ＳＮＳを通じて世界中の気の合う人や仲間と呼べる人たちと繋がることができるようになりましたが、これまで以上に「すべての人が安心できる取り組み方」を心がけていく役割を担う重要性を感じています。個人はもちろん、企業や学校法人などと連携して、私たちのような団体が専門機関、第三者機関として機能することで、それ

甥
42歳
既婚者である
パートナーの葬儀には
出られないのは、納得済み
(パートナーの子)
29歳
でもワタシの財産は
パートナーの子に
あげたいの。
法的に
他人
ワタシ
65歳

ぞれの本業に支障があったり負担をかけることなく、みんなが住みやすい良い循環を起こしていくことが可能だと思っています。

その理由は、「保険」という言葉には様々な意味があると考えているからです。一般的な「生命保険」や「医療保険」のようなセンスです。他には、「安心のカタチ」として団体等が福利厚生的に機能することがそれにあたるのではないかと思うのです。関わる全ての人が安心できるというのは、バランスが大切です。どうしても生命保険に入ることができない人も、現状はコミュニティや人との繋がりで、何かしらの安心や課題解決のヒントに繋がればと思います。課題は沢山ありますが、社会制度がもっとＬＧＢＴ当事者に寛容になり、どのような性の在り方でも、保険加入や保険金受取人の選択が柔軟になることを願っています。

◇ＬＧＢＴと葬儀

実は葬儀自体に関しては、特別に「問題はない」と言われていました。ここでいう特別な問題とは、あくまで「葬儀のみ」の話で、例えば「死」に関しては様々な問題があります。そして「特別な問題はない」という言葉は、２００５年当時も言われていましたし、２０２１年の今も言われています。また重複する説明ですが、２００５年はＬＧＢＴの（総合）団体やライフスタイルのサポートをしている団体が、インターネット上では見つけることが困難な状態でしたので、私たちが実際に足を運び、聞いた範囲での話になります。

今、ＬＧＢＴの課題に精通しておられる方には、不思議な事に感じるかもしれませんが、「葬儀をする」ことだけを考えると、特に問題はなかったのです。もちろん言い切ってしまうと「いや問題はあった。課題はあった」と、おっしゃられる方はいると思います。そして「死に関わる課題」としては、いくつも挙げられます。ただ当時、葬儀会社、もしくは自治体担当者の方にお話を伺ったところ、『死ぬ』ということは万人に普遍のことなので、そのご遺体をどう扱うかということに関して、どのような方でも違いはないと皆さんおっしゃっていました。よく考えると納得する方もいらっしゃると思います。あくまで「葬儀」だけの視点なのですが、改めてこれに気付かせていただいたとき、私も少しだけ心が軽くなったことを覚えています。死は全ての生に平等であり、人の尊厳は、性の在り方によって軽んじられることはないのだと感じ、多くの人も、たとえＬＧＢＴを全く知らない人でも、そう思っていると知ったからです。

葬儀については、本当にどなたも「ご遺体になられれば皆さま同じ」とおっしゃっていました。

ただ、繰り返しているように「死に関わる課題」はあるわけですから、「葬儀をすること」に関して、葬儀会社や自治体担当者側と、ＬＧＢＴ当事者側からの現実、在り方、認識の違いがあることを理解し、何かしら準備したり、解決したりする必要性があります。実際そういう意味では改善したい、理解者を増やしたい課題は多くあります。

「死に関して」の課題は様々です。例えば、パートナーがいる場合は残されたパートナーの問題、親族の問題、パートナーが亡くなった場合は、その親族の問題、喪主を努められるのか、そもそも葬儀に同席できるのか…、遺産の問題、残されたパートナーの住居やその後の生活など…、課題はたくさん出てきます。そして前述したように「葬儀」と「死に関わる課題」は別物ですので、亡くなった方の身の回りに起こる様々な課題は、税理士、司法書士、行政書士や弁護士と連携し、解決することが必要になります。

死に関わる準備は、LGBT当事者だけの話ではないと思いますが、今私たちは、このLGBTに関する正しい知識を持ち、LGBT当事者や、身近な人と、社会の架け橋になってくれる人を育成する活動もしています。司法書士や、行政書士、弁護士、税理士と呼ばれる法律のプロフェッショナルに、LGBTに関する正しい知識や心構えをお伝えしたり、実践する場所や、理解するための機会をつくったりもしています。また医療関係者やお坊さん、神職関係者、他のサービス業の方にも同じです。ALLY（アライ）と呼ばれるこうした支援者や理解者には、LGBT当事者でも、当事者でなくてもなることができます。アライにはLGBT当事者は含まないという考え方もありますが、理解し支援するための努力をする人に、壁や差別は要らないと考えるのが私たち団体の方針です。なお英単語ALLYの意味は、理解者・支援者となります。

葬儀はどのように行うか、その人の性的指向や性自認は関係ありませんが、その葬儀に本来ならパートナーであるはずの方が出席できない場合があるということには多くの問題があります。少し物悲しいのですが、これは葬儀屋さんには関係のないことで、ご遺族側、パートナー側で整えなければならない問題です。

自分らしい人生を彩るために、これからの時代、まずは「葬儀を行うこと自体に課題があるわけではない」ということを知ってもらえたら、次の課題が見えてきます。いかに自分らしく、自分達らしくその時を迎えられるかが大切になってくると思います。事前の準備でパートナーの葬儀に出席できる。望む形のお別れができる。そういう未来も十分考えられます。法的な課題はいろいろありますが、いずれにしても例外は常にあります。一見十分に見える形で法律が整っても、そこに当てはまらない人は常に出てきます。今できることを、できる範囲で少しずつ整えていくことが大切ではないでしょうか。

士業（国家資格を有する職業で、弁護士、税理士、司法書士などの8士業がある）の先生や、自治体の方、葬儀会社の方、医療関係者にも、ぜひ正しく学んでいただきたいと思います。そのうえで、配慮あるご対応をしていただけると大変嬉しく思います。またそれらの学びは新たなマーケットとして健全な形でビジネスチャンスに繋がることがあるかも知れません。

年々増えている
活動のうれしさ

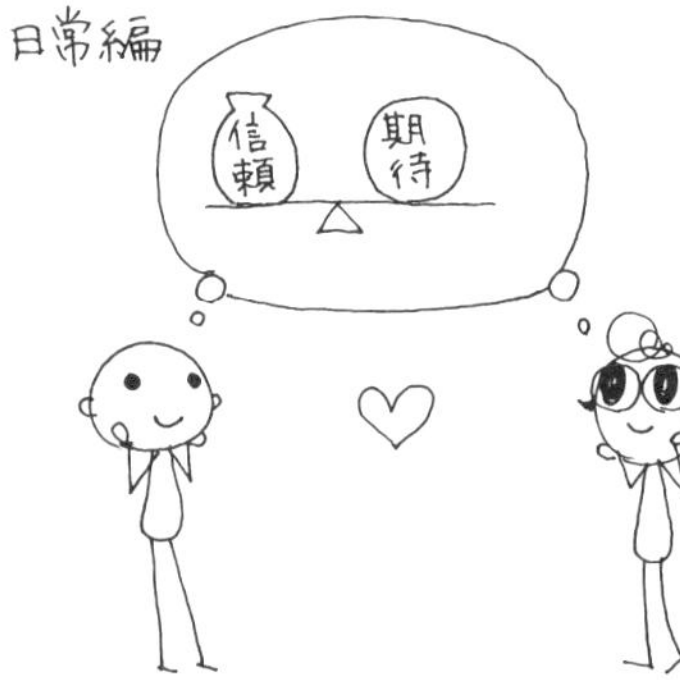
日常編
信頼
期待

日々の活動や、つき合いの中で、
大きな信頼のもと、期待のバランスが取れると
起こる嬉しいコト。

彼、高校の同級生なんだけど、この前の研修で、もっと吉美さんと、打ち合わせしたいと言うので・・・
ありがとうです。
彼も研修を仕事にしているので、情報交換してください。
どうも

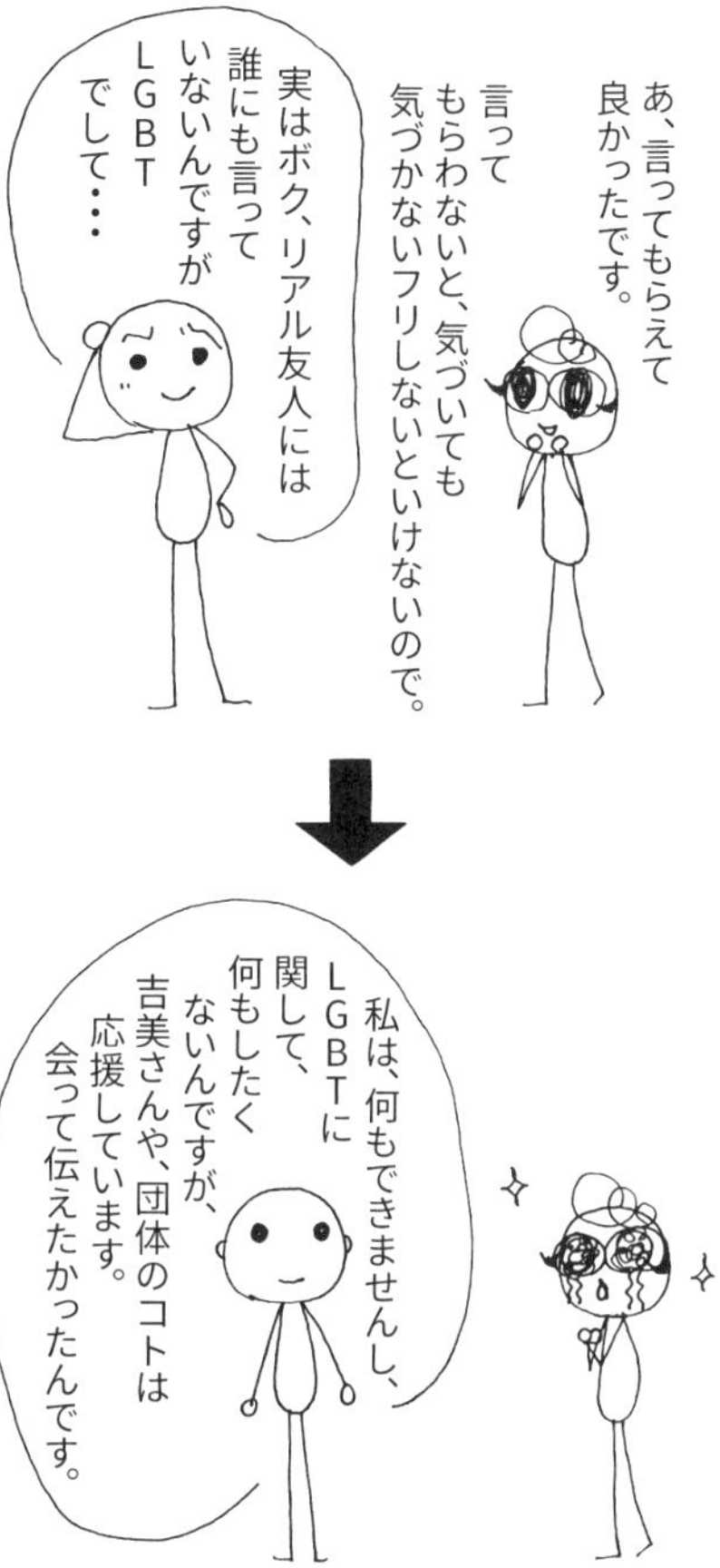
あ、言ってもらえて良かったです。
言ってもらわないと、気づいても気づかないフリしないといけないので。
実はボク、リアル友人には誰にも言っていないんですがLGBTでして・・・
私は、何もできませんし、LGBTに関して、何もしたくないんですが、吉美さんや、団体のコトは応援しています。会って伝えたかったんです。

そして、ＬＧＢＴ当事者や家族の方も、正しく学び、自分が本当は何者であるのか。課題はどこにあるのかを知っていただくと、将来設計が立てやすくなると思います。改善策も対応策も見えてきます。またイベントなどを通じてヒントを得られるかも知れません。それぞれの立場の方が、気持ちよく最期の時を迎えられたらと、心から思っております。

◇ＬＧＢＴと病院

ＬＧＢＴ当事者にとって、パートナーが入院しているとき、または晩年を迎え共に過ごすことができないといった時に、法的な結びつきがないと、とてもやるせない思いをするのが常でした。しかし、医療従事者側の視点からすると、「命は命、ＬＧＢＴであっても、そうでなくても、その重みも対応も変わらない。」とのことで、これが一般的な病院（診療所）の関わり方です。

病院に関しても何度か調査をしたことがあります。ここまで読み進めてくださった方は、過去にはどのような雰囲気だったのかは、想像できると思いますので、本書の中では私たちが最後に時間をかけて調査した時の話をいたします。

調査は5年前、２０１６年になります。その後、２０１８年にいくつかの病院からご連絡をいただき、お話させていただきました。この2つの年の話をします。

病院（診療所）も葬儀と同じように患者さんがＬＧＢＴ当事者であるかどうかはあまり関係ないようです。身体的特徴が男性であるかもしくは女性であるか、場合によっては、手術をしていることや、ホルモン注射を含めて他に飲んでいる薬など、一見ＬＧＢＴ（トランスジェンダー）ならではと思うようなこともありますが、そのような情報は患者本人や、家族がしっかり伝えられれば問題はありませんので、これに関しては、ＬＧＢＴ当事者でもそうでなくても同じと考えられます。ただし例外もあって、救急で運ばれてきて、ご本人が全く話せないような状況のときに、「見た目の性」と「医療の観点からの身体的特徴を捉えている性」の違いがあると気づいた場合や、着ている服の性と、処置のために衣服を脱がせた時の性別が一致していない時など、患者さんに対する配慮事項も含めて、一瞬迷う時もあるそうです。けれども、直接命に係わる有事の際は、多くの場合はお医者さんの観点からするとそれほど大きな問題ではないそうです。ただメンタルヘルスや、うつ病、精神的な疾患が絡んでくる場合などは、直接的に大きく関わってくると言えます。

２０１５～16年頃は、全国の診療所や病院からご連絡をいただくことが増えました。その内容は大きく分けて2つになります。１つ目は、メンタルヘルスに関する病院や診療所での診察に関して、「ＬＧＢＴの方に対して、実際どう接したらよいのか？　なんと答えたらよいか？」、「ＬＧＢＴの方の特徴は何なのか」実際に、「どう接したらいいのか、あるいはなんと答えたらよいか」に関しては、多くは東京以外の地方からご連絡があり、電話でお伝えし、質問にもお答えさせていただきました。

２つ目は、医療現場以外の、医療現場がきっかけで起こる課題についての相談でした。例えば「同性パートナーの方が患者だったが、亡くなるのは時間の問題なので、この地域の専門の弁護士を紹介して欲しい」、「同性愛者の方でパートナーがいるらしいのだが、どう対応したらよいか」「入院中の患者がＬＧＢＴの方だそうで、身寄りがないのだが、今後どう対応したらよいか」など、多種多様の相談になります。

余談になりますが、これまで医療関係の皆さんに多くの情報や経験や私たちの知識をお伝えしてきました。電話相談や面談で対応し、東京を含めた全国の、命に関わる現場にいる方々に、全力で丁寧にお答えしてきたつもりです。しかし、限界がありますし、私たちの経験や知識をきちんと継承してくれる存在があればと思いました。こうした背景が「正しく学ぶ必要性」や「資格制度の必要性」を強く感じたきっかけでもありました。そして、この２つ目の相談内容が、ＬＧＢＴ当事者が直面する医療現場の課題に類すると考えられ、ご質問くださった医療関係者の方々は懸命に、患者に寄り添い、お考えになっていると思います。

ではこの課題とはどういうものかといいますと、パートナーや同居の家族のお見舞いに行くことが難しい。手術時にサインが出来ない、あるいは認められない事態が生じます。入院のフォローアップや葬儀関連の手続きもしにくい。できない、あるいは認められないなどが挙げられます。入院の手続きができない例を見ましても、関係性は、30年寄り添ったパートナーかもしれませんし、事実上、自分が育ててきた娘、または息子である可能性があるのです。

レズビアンカップルと子ども　入院の事例

私たちが出会ったＵさんという方のエピソードをお伝えします。

Ｕさんはレズビアン（女性同性愛者）で、パートナーとその娘のＫさんを育てていました。出会ったときは、パートナーは亡くなっており、Ｋさんも成人していました。対外的には、シングルマザーの親子とその友人（Ｕさん）に見えていたと考えられます。ですから、Ｋさんからみると、Ｕさんは「母の友人」になるのです。

Ｕさんが入院するにあたり、結果として手続きは本人でやりましたが、必要書類などをＫさんに任せるのは認められませんでした。防犯上の理由からなど仕方のない部分があると思います。ただ、Uさんのお気持ちとしたら、パートナーの娘であるKさんは、二十年以上、一緒に生活してきたので、「実の子同然で、書類上は違っても、それ以上のつながりがある」大切な家族になります。Kさんから見ても、母親が二人いる認識なので、「悲しさに加え、現実問題として、母（Uさん）の世話やサポートができないのは困る」という状況でした。病院側は、「規則ですから」、「一例を作ってしまうと…」となかなか前に進みませんでしたが、幸い同じ住所だったので、事実Kさんと一緒に暮らしていることなどを説明し、Uさんが自分で体を動かせたこともあり、特例として入院のサポートが認められました。

今回の事例は、課題はありつつも、比較的スムーズに対応できたものになります。私自身も、夫とゲイの友人と子どもと暮らしておりますが、入院時はもう少し融通がきいたらいいのにと思うことが良くあります。

トランスジェンダーの方の場合

トランスジェンダーの「困りごと」に関しては、書籍も増えたので、ご存じの方も多いとは思います。

当事者にとっては、通院するだけでもハードルが高くなります。例えば、保険証と見た目の性別が異なっているからです。お医者様は、治療と異なる部分なので大事として捉えないかもしれませんが、事実ここがハードルとなり、早期発見、治療に繋がりにくいという声が上がっています。

当事者が安心して通院したり、相談にいったりできるように、ＬＧＢＴに関する正しい知識や、マインドを持ったスタッフや、話しやすい環境が整うと良いと思います。ＬＧＢＴ対する理解や環境がまだまだ整わないと言われるその一方で、ＬＧＢＴという言葉が当事者も含めて認知されるようになってきたことを背景に、先述したように日本各地から、ＬＧＢＴを知らないなかで丁寧に対応しようとしてくれる医師からのお問合せもいただくようにもなりました。

ＬＧＢＴと病院に関する課題は、葬儀と同じように、複雑に絡み合っていると言うことができます。そして、葬儀と同様にＬＧＢＴ当事者を含むより多くの人に、多くのことを知っていただき、それぞれが解決可能（課題の縮小）な事象だと捉えて、学び、関わり、架け橋になっていただきたいと思います。

今、ＬＧＢＴ当事者が住みやすい社会をめざし、多くの課題を「当事者の問題」として片付けるのではなく、寄り添い、考えてくれる人が増えています。その証拠となるのが、２０１６年頃に多かった医療関係者からの相談だと思います。それ以前は、「知っている人は知っているけれど、多くの場合は〈扱わなくていい〉事例だったのだと言い表せますが、ＬＧＢＴという存在を知る人が増えたことによって、住みやすい環境を整えようと考える人が増えた結果と言えるでしょう。

また、２０１８年には、大きな病院からお問い合わせをいただくことが頻繁にありました。お会いしてお話を聞くと、「ＬＧＢＴは困っている人が多いから、うちの病院でサービスを提供します」というものでした。当事者が安心して、さらに快適に利用できるサービスが増えることとは大変嬉しいことなので、病院まで赴き、お話を伺いました。様々な意見交換の中で「それならば、一度研修や勉強会を開きませんか？　具体的に当事者に寄り添うために何を大切にすべきか、しっかり知っていただきたい」とお伝えすると、どの病院さんも「忙しいからそれは難しい」との回答でした。事実、医療関係者の皆様は大変お忙しく、苦情や文句を申し上げる意図はありません。

背景としてこの頃、ある世界規模の大手企業から、病院に調査協力の依頼があったそうで、それを受けて、ＬＧＢＴの業界を新たなマーケットとして捉えた病院からのご連絡、そしてご提案でした。提案内容は、当協会のホームページに病院の名前やサービス案内を載せたり、会員に案内を流したりしてほしいとの事でした。病院側からすると、それはＬＧＢＴ当事者に喜んでもらうための「支援」なので、これまでの時代と同様、私たちには無料・無償で対応して欲しいとのご依頼で「困っている人が喜ばれることだから、研修であろうと、広告であろうと、一円も出すことはできません」とのことでした。

残念ですが、どなたも研修を実施されない病院から、「支援です」と言われても、丁寧に取り組みを進めてきた私たちが、会員さんやホームページで、このような姿勢の病院をご案内できることはありませんでした。

これらの出来事は恐縮ですが、いかにＬＧＢＴの認知を正しく広げるか。「支援」が必要なことは間違いない中で、その一方で「市場」として、資本主義社会でその存在をどれだけ高められるかを改めて認識させられた事例です。言うは易しで、理念や思想、言葉だけではなく、本当の意味でマイノリティはマジョリティと遜色ない価値が〈当たり前にある〉状態に、正しい学びを通じて社会を変容させられたら嬉しいです。今回の事例は、そういったことが大切なのだと、感じていただけるものだと思います。

第4話

幻想を抱かれるLGBTの世界

◇ステレオタイプ

ＬＧＢＴは、ステレオタイプな情報がとても多い世界でした。つまり先入観やイメージがかなり固定されている部分があり、今でもその傾向はあります。すごく神聖視されたり、特別視されたりするようなものもあるように思います。

逆の例もあります。例えば同僚が「ゲイ（男性同性愛者）」だと伝えてきたときに、「え、俺のこと狙わないでね」と反応したり、「じゃあ料理が得意なの」と聞いたりする自分を想像できる人は少なくないのではないでしょうか。カミングアウトは、慣れていないと想像より驚くものです。この様に文字で書くと、「そんなことはない」と思われるかもしれませんが、ＬＧＢＴ当事者の結構多くの方が、このような言葉を聞いています。

他にも、ＬＧＢＴの人は芸術センスが良い、優秀な人が多い、面倒な人が多い、面白い等々。特にわかりやすいステレオタイプが、ＬＧＢＴのイメージとして、ゲイのことを思い浮かべるということです。そして、テレビで活躍する、いわゆるおねえタレントと言われる皆さんや、繁華街にいて非常に華やかなドラァーグクイーンの方を基準にはなしますので、「ゲイです」というと、先ほどのような言葉が返ってくることがあります。

またありがちなのが、女性の見た目をしている人が「当事者です」というと、「じゃあなたは元男なんですか？」とか「女の人と付き合っているんですか？」という問いかけです。また男性の見た目の人で多いのが、「じゃあゲイなんですか？」という回答と、「びっくりしました。全くわかりませんでした」というような回答です。実はこれよく考えると返答に差があることに気がつきます。この回答をしっかり掘り下げていくと社会学的なジェンダー論や女性の地位に関する歴史、男性の社会的な役割の歴史、生物としての生殖本能の差、現代における社会課題の明確化など、意識して語らなければならない部分が多くあります。

そのようなことは本書では触れませんが、ステレオタイプな思い込みによって、カミングアウトをした人と、された人の距離が遠くなってしまうかも知れません。カミングアウトされた側は、親しみを込めたつもりでも、した側からすると次の言葉が出てこなくなる可能性があります。ステレオタイプをなくすためには、とにかくきちんと学ぶことです。ＬＧＢＴを理解することは、経験によるものと、座学の部分の両方が必要になります。正しい知識を身に付ける人が増えれば、ステレオタイプなイメージも改善されて、よりＬＧＢＴ当事者が自分らしく表現できるようになるでしょう。

◇「友人がＬＧＢＴだから、偏見はないから大丈夫」

最近聞く表現ですと「私よくゲイバーに行くから、ゲイの友人がいっぱいいるから大丈夫」「ミックスバーによく行くけど、あいつら一生懸命だよな」「ジェンダーの友達が沢山いるから、学ぶ必要ない」「海外で実地で学んだ」というものが多い気がします。

このセリフ、どれも違和感いっぱいなのですが、「その表現、変えたほうが良い」と返せるのは、どれくらいの人がいるでしょうか。違う例えですが「アイスは十分あるし、お腹いっぱい」な人に「このアイスどうぞ」は有難迷惑で、過剰に食べさせたら嫌いになってしまうかもしれません。

こういった発言をする人は、「ＬＧＢＴのことは十分にわかっている。これ以上は不要な知識だ」と思っているので、何もお伝えせずに嫌悪感を持たれないようにしています。いつか何かの拍子に気付いてくれるか、別な機会にお伝えできるタイミングでお話ししようと心がけています。余談になりますが「ジェンダーの友達が沢山いるから大丈夫」という人が定期的にいます。そもそも使い方を間違えているのに、なぜか皆さんは自信満々過ぎるので、この発言をされる方はとても印象に残っています。

つまりこの種の「十分知っている」発言をする人が一番厄介です。ある意味「あなたの話は聞きたくありません」の意思表示に感じるときもあるのですが、ステレオタイプを増長させますし、偏った考えが広がったり、社会環境の観点においては正しく学ぼうとする人を減らしたりする発言になってしまうからです。そうすると正しい知識が広がらず、マイノリティが安心できる社会の実現が遅くなります。

どちらにしても「ジェンダーの友達」と称された友人を傷つける位置にいるほど、親しくないだろうと思うのですが、この表現を使用して、周りの方がどう思うか少し心配になります。そして、こちらも直接的に訂正はしませんが、このジェンダーの使い方のように、明らかに用語が間違っている場合は、外で使われると当事者や関係者が傷つく可能性がありますし、発言されている方ご自身の印象もマイナスになるかも知れないので、さりげなく会話の中で「あ、トランスジェンダーの方のことですよね」とお伝えし、その後、私からはトランスジェンダーという表現で話を続け、どこかのタイミングで自然に気づいてくれたらいいなと思っています。また、「海外で十分体験した方、学ばれた方」も、大前提として日本と海外の事情は、法律も文化も価値観も取り巻く人々の知識量も違うので、改めて日本で知ることがあるかもしれないと考えてもらえると、新しい気付きがあるかも知れません。

ＬＧＢＴを正しく学ぶ必要がないという人の中には、今回のように「周りにいるから、知っている。大丈夫」パターンも結構あります。他にはＬＧＢＴの人は「優しい」、「明るい」、「元気」だ。これもよく聞く話です。最近だと、「すぐ『訴訟する』という人がいるから面倒な人たちだよね」という声も聞くようになったのですが、それも、一部なだけで、ＬＧＢＴ全体のことではありません。当たり前ですが、ＬＧＢＴ当事者だって、いろいろな人がいます。

よく考えていただきたいのですが、「ＬＧＢＴだから」友人なのでしょうか。違います。その友人が「魅力的だから」友人なのであって、友人のことをあれこれ知っているのはある意味当然なのです。あなたが友情を育むくらいなのだから、魅力的で素敵な人に間違いありません。

正しく学んでいれば、より理解し合えるかもしれないですし、よりよい社会生活が送りやすくなるかもしれません。しかし、そのＬＧＢＴ当事者は大前提が「魅力的な友人」ということに気付かずにいると、ＬＧＢＴの話題が出るたびに、ＬＧＢＴのご友人を想像して聞くでしょうし、お話しされると思います。ＬＧＢＴのご友人は、あくまでご友人であって、ＬＧＢＴの代表でも、すべての特徴を備えているわけでもありません。中にはＬ・Ｇ・Ｂ・Ｔ他も色々いるという人もいますが、それも同じです。そして友人でいるのですから、とても魅力的なはずです。繰り返しますが、ＬＧＢＴだっていろいろな人がいます。

他は企業の方でダイバーシティを推進している部署に所属している人に割と多いパターンです。「私はもう全部知っています」「沢山勉強したので、なんでも知っていますよ」と、ストレートに言う方もいらっしゃり言葉につまります。何でも？　全部？　嘘のようなホントの話です。ステレオタイプもいろいろあると思うのですが、その人なりの価値観がかなり定着しているということが言えるかと思います。先ほどの友人の例がわかり易いと思います。また、長年この活動をしている私たちでも、「わかっている」「大丈夫」という言葉を使うことは絶対ありません。そして国際社会でジェンダー平等やSDGsの取組みで後れを取っている日本はとくに、常に学ぶ必要があると思います。ステレオタイプの改善に関して、正しい知識は必須です。

学校教育の必要性もあります。そして、それだけでは足りない部分もあります。「座学」と「体験」両方が必要で、また周囲の大人は、知識と経験だけでなく、子どもの疑問に適切に回答できる「マインド」が必要になります。

◇LGBTの人は困っていて助けが必要

こちらに関しては、時代によっても、年代によっても、返す答えは異なります。先ほどの「LGBTの人は優秀である」に似ていますが、「困りごと」に注目しているので、少しニュアンスが異なります。

「困りごと」と言ったら間違いなく、これは「イエス」になります。なぜなら法整備が整っていなかったり、認知をされていない部分があるので、その人が「今」困っていなくても、「今後困る可能性は大きい」と言えます。また一般的な観点から、LGBTに関する法制度が整っているという基準で快適で何不自由がないかと問われると、今の日本の社会ではそうとはいえないことが多いでしょう。仮に、ゲイの人、しかも生まれたときに出生届に書かれた性別と、性自認が一致していて、純粋に恋多き人生を歩み、経済的にも社会的地位においても、友人関係を含むプライベートにおいても、十分満足されていたとしましょう。けれども、ほとんどの場合TPOに合わせてパートナーを偽ったり、ご自身の性の在り方について口を閉ざす瞬間があるはずです。また、ハイクラスな生活をされている方は秘密が守られやすい場所に行くことが可能なのですが、気軽にパートナーとファストフードを食べに行くことには慎重になることもあります。幸せを享受しているのがわかりやすい成功者のゲイの方の一例をあえてあげましたが、例えば、極端な話でいうと同性愛者は死刑になる国があったり、国籍が違った場合は、婚姻制度がないので、一定期間しか一緒に過ごせなかったりします。

困っていて、助けが必要だったCさんの事例

Cさんは結婚していて、お子さんが二人います。戸籍上は男性で、いわゆる奥様、戸籍上女

性のパートナーがいらっしゃいます。会社員で接客業をしておられ、その丁寧な対応から社内での評判も良く、人間関係も非常に順調でとくにご不満はなかったようです。接客業なので休みは不定期だったそうですが、持ち家に住み、年に一度程度、国内の観光地に家族と旅行に行くような生活でした。しかし、世の中でＬＧＢＴの認知が広まり、記事に触れるうちに、自分の中で眠らせていた違和感に気付いたそうです。眠らせていた違和感というのは、Ｃさんご自身が、過去に何度も湧き出てくる感情に対して「蓋をしてきた」部分です。Ｃさんは奥様とのご関係も家族として良好で、勇気を出してご自身の中にある違和感について相談されたそうです。Ｃさんは男性として生きてこられましたが、自認する性別は本当は女性だったのです。Ｃさんのカミングアウトを受け、最初は驚かれた奥さまですが、お二人で穏やかに話し合いを重ね「これからは、子育てのパートナーとして。家族として」という関係性に落ちついたそうです。しかし、数か月後、奥様が体調を崩し病院に行くと、原因はストレスとのこと。御主人であるＣさんのカミングアウトがきっかけでした。

奥様は、ひとりでＣさんの秘密を抱えてしまい、また、ご自身の存在価値が希薄になったように感じられ、ストレス過多になり倒れてしまいました。そこに夫妻を心配した身内の方が来たので、Ｃさんは奥様が倒れた本当の理由、ＣさんがＬＧＢＴ当事者であるということを伝えました。身内の方を通じて、夫妻のご両親にも話が伝わり、病院での治療を勧められたＣさんは、何かしら対応をしなくてはと、日本セクシュアルマイノリティ協会に連絡をくださいました。

Cさんが協会に来たときにおっしゃっていたことは、主に5つ

〈1〉病院へは行かない

〈2〉奥様とは家族として一緒に居たい（奥様も同意）

〈3〉世間的には今までと変わらない家族でいることを望む（奥様も同意）

〈4〉奥様の体調不良の解決方法

〈5〉親戚の対応をどうしたらよいか教えて欲しい（奥様も同意）

そして、一番心配されていたのは（5）の親戚の方との付き合い方、向き合い方でした。Cさんと奥様との間にはしっかりした信頼関係がありましたので、奥様の体調のことも非常に心配されていましたが、一緒に家庭を築いたパートナーとして、時間がかかっても二人で改善していくとのことでした。しばらくの間、お二人で私たちに会いにいらしてました。一度、食事をしながら弁護士に離婚を視野に入れた相談をされましたが、結果的に離婚はされませんでした。法的に何も変化はなかったのですが、お子様もいらっしゃいますし、親戚、とくに、ご両親との関係は改善を望んでおられましたが、奥様とのご両親とCさんはお会いすることはほとんどなくなり、Cさんのご実家でも、お父様とは一定の距離を取られるようになったそうです。

また、お子様も、残念ながら奥様のご実家では一定の距離を置かれてしまい、その結果に奥様も胸を痛めて、結局Ｃさん一家は家を売り、心機一転新しい地域で新生活を始められました。幸いに、職場では一定の理解を得られ、会社を変わることなく、勤務先地域を変更できたそうです。

この事例のほかに、あまりに濃い内容で、本に記すことも憚《はばか》られる事例もあります。詳しく書くことはできませんが、ＬＧＢＴ当事者だけではなく、当事者以外の方が身動きが取れなくなり、自死を選ぼうとする相談が来たり、選択肢を誤りそうになっている相談が来ることもあります。社会がＬＧＢＴに寛容になり、多様性を本当の意味で受け入れていける世の中にしないと、なかなか声を上げづらいことが沢山あります。そして私は、その寛容な社会から違いや個性を認め合って、お互いが尊敬しあえる社会になればいいなと思っています。正しく知り、理解し合い、敬愛の情があれば、誰かや何かを攻撃することもない調和のとれた社会が築けると考えているからです。

関係ない、対岸の出来事であると思っていると、ご自身の身内や同僚が、ＬＧＢＴに関する深刻な悩みを持っている可能性も十分あります。

◇正しく知る必要性はみんなにある

「ＬＧＢＴ当事者は、正しくＬＧＢＴのことを理解している」

そんな誤解をされている方がいらっしゃいます。その考えは当事者以外の方に顕著ですが、

公立中学生７００名超。様々な性の LGBT 当事者と認定講師の出張授業

「自分は当事者だから学ばなくてよい」と思われている方も一定数いらっしゃいます。様々な経験をされている人もいます。もちろん幅広く、公平な知識を持ち、現在専業主婦ですが、専業主婦の事を多様にわかるのか？と問われるとそんなことはありません。けれども、例えば私、活動をしていますし、パートナーは会社員ですから、世間一般には兼業主婦という捉え方もありますが、先ほどと同様に兼業主婦の事を正しく知っているのか？　というと、当然そんなことはありません。猫を飼っているから、猫の事を正しく理解しているかというとそんなことは無いですし、障がい者の家庭で育ったから障がい者家族のことは全て知っているかというと、やはりそんなことはないのです。つまり、「当事

者だから」なんでも正しく理解しているとは限らないのです。

そもそも正しいとは何でしょうか。本書で述べる「正しいの定義」から始まり、その「答え」をすべての人が納得する形で、また短い時間でお伝えすることは非常に困難です。たとえ、長い時間をかけても、すべての人に納得してもらうのは難しいでしょう。けれども、軸になる基本的な正しい知識や、多角的また俯瞰的に捉えた知識や感覚を持つことで、補える考え方やマインドがあることもまた事実です。

この「軸になる基本的な正しい知識」をぜひ、より多くの人に身につけていただきたいです。それが、多様性が当たり前の、安心できる共生社会を実現するために、とても大切なことだからです。

誰が、ではなく、本書を読まれている方、そのご友人やご家族の方にも「軸となる基本的な正しい知識」を知っていただきたいと思います。

◇ＬＧＢＴ当事者にも正しい学びを

私が考える上では、正しく知る必要性は当事者にもあると考えています。そしてこの考え方は、今はまだ根強くある、ＬＧＢＴは少数派の人であり「弱者」で「支援が必要な人達」という認識を変えていくためにはとても重要で、また今後、ＬＧＢＴ（多様な性）が世の中のスタンダードになる為にも重要視されていくと思っています。

先ほど、ＬＧＢＴ・ＳＯＧＩに関する、軸となる基本的な正しい知識の習得の必要性は、すべての人に必要だという概念は前項でお伝えさせていただきました。今度はＬＧＢＴ当事者が正しく学ぶ必要性について私の考えをお伝えします。

ＬＧＢＴは今まで、世の中で多くの人にその存在を知られていませんでした。ですから、まず初めに当事者以外の人がしっかりとＬＧＢＴの認知をする必要がありました。余談になりますが、ＬＧＢＴ当事者自身も「自分以外にＬＧＢＴは居ないと思っていた。」「ＬＧＢＴは世界に10人も存在しないと感じていた。」と言う方がいらっしゃいます。そうおっしゃる方にたくさんお会いしてきました。

そして、ＬＧＢＴは居ないと思っている人には、ＬＧＢＴの存在をしっかり知ってもらい、困りごとがある、時には命に係わるという事に気付いてもらう必要があったのです。

その様な社会的背景がありますから、ＬＧＢＴ当事者以外に、「支援して欲しい」、「理解して欲しい」「わかって欲しい」という声が大きく響く時代でした。私自身も、知って欲しい、正しく理解して欲しい、支援や啓発を手伝って欲しいと思っていたので、よくわかります。「よくわかる」というこの表現は、ＬＧＢＴ当事者でもない私には言ってほしくないと感じられる方が居ると思うのですが、私もＬＧＢＴに深くかかわらないマジョリティからすると、十分「当事者」であり、常識以外の事を話している変わり者の立場であったのです。

ＳＤＧｓの取り組みという事も含めて、我々が長年やってきたのは、ＬＧＢＴ（多様な性）が世の中のスタンダードになることですが、その活動を通じて、しみじみ感じるのは「ＬＧＢＴ当事者の声は良く通る」ということです。「ＬＧＢＴ当事者の声は良く通る」というのは、相手に「伝わりやすい」ということです。それはつまり、一つの情報が、「ある物事の側面から見て正しい」という状態に過ぎないのに対して、あたかも「完全なる正しさ」として、伝わってしまうことが良くあるのです。そしてそれは、他の意見や考え、表現を受け付けないという現象を生むことがあります。

研修や講演会など、その質に関して、見学をお願いされて見せていただくと、講演会はもちろん、研修でも、あくまでＬＧＢＴ当事者自身（自分）の経験談に過ぎないこともよくあり、果たしてこれは研修なのだろうかと疑問に思う時があるのです。私たちも研修や講演会をしていて、当事者の体験談や意見は、強い感銘を聞く側に与えていることを、研修等の感想から実感していますし、質問の内容や参加者の表情から、丁寧に聞いてくださっていることを感じます。ではなぜ、「正しく知る必要」は当事者にもあるのでしょうか。大きく分けて４つの要因があると思います。

1つ目の理由は、LGBT当事者自身が、自分のセクシュアリティやジェンダーがどのように表現されるのかを理解していない、または気づいていないことが往々にしてあるからです。気付いていないこと自体は決して悪いことではありません。誰かを傷つけたり、自分を苦しめたりしなければ、それでよいと思います。

LGBT当事者の中には、「ここ数年で自分がLGBT当事者だと気付いた」「今までの違和感はこれだった」という人も多くいます。20年前の情報量では気づけなかったことや、今だから整理できることがあります。

しかし正しく知らないと、LGBT当事者であってもLGBT当事者で無くても、例えば「LGBTQは正しく」「LGBTは間違えている」というような、偏った、一部の情報から答えを導き出す傾向があるのです。そうすると「違う」と判断した情報に対して、間違えているので、「正さなければいけない」という心理が働きやすくなります。

正しく学ぶことで、LGBT当事者も、LGBT当事者以外に寛容になることができる部分があると感じています。事実、シャルフレームの資格を取得したLGBT当事者の方からは「ノンケがどう考えているか考えたこともなかったが、新しい発見があった」「ノンケの人たちが考えていることがわかって、ゲイとの感覚の違いがあることに気付いたので、今後はゲイとしての伝え方に気を配ろうと思った」「ストレートの人がどのように考えるのか勉強になった」というようなお声をたくさんいただいています（※ノンケ、ストレートとは、シスジェンダーヘテロセクシュアル・いわゆる一般的な性の在り方に当てはまる人・性的マジョリティとして使われることが多い）。

正しい学びは、自分が何者であるのか、アイデンティティが確立される可能性も高くなります。また正しい学びの先には、ＬＧＢＴ当事者も非当事者も、相互理解のきっかけになります。そうすることで、自分や友人が何に困っているのか、何をわかってほしいのか、どうあったら自分たちは過ごしやすくなるのかなど、要望の整理もされるでしょう。このような理由から、ＬＧＢＴ当事者でも「正しく理解する必要性」はあるのです。

２つ目の理由は、時代の変化は著しく、ＬＧＢＴを取り巻く世界では、１年前の用語が古くなり、次々に新しい言葉が生まれているからです。新しい言葉を追いかけるだけでなく、また古い考えを大切にしすぎることもなく、みんなが柔軟に対応できるようになると型にはまらない共生社会が実現すると考えているからです。先ほども申し上げましたが、ＬＧＢＴ当事者の言葉はとても響きやすいのです。

ＬＧＢＴの理解を進めるためには、社会の中で話題を作る必要があります。しかし、その話題がＬＧＢＴ当事者すべての声のように捉えてしまうと、うまく歯車は回らなくなります。様々な人が関わって社会は成り立ちますから、例えば「言葉狩り」と言われるような過剰な平等や公平性を求めると、ＬＧＢＴ当事者を含むすべての性が安心できる環境が整うことは、先送りになってしまいます。

ＬＧＢＴ当事者が、正しく自分を理解することは、相手にどう伝えたらよいか、効果的に言葉や態度を選択できるようになると考えます。今の社会はどうしても「ＬＧＢＴ当事者が言ったら許される」けれども「当事者じゃない人が言うと許されない」傾向があるように感じている人は一定数居るようで、その様なお声が私たちの団体にも届いています。そしてその声は、ＬＧＢＴ非当事者だけでなく、ＬＧＢＴ当事者からも疑問の声としていただいております。

正しい言葉を使い、間違いと感じるものを改善していくことは、より多くの人に正しい知識を得てもらい、社会で多様な性が当たり前になっていく上で大切なことでもありますが、ＬＧＢＴ当事者以外の人やカミングアウトしていない人など、様々な人がＬＧＢＴの理解促進に関わることをためらう原因にもなりかねません。

具体的な一例を出すと、「ゲイの当事者」としてブログを書くとき、ＬＧＢＴ当事者として書いているので、表現が間違えていても、多少過激なことを言っても「わかります」と同調されたり、「頑張ってください」と応援されたり、賞賛されたりします。（わかり易い表現をするためですので、特定のどなたかの事を記しているわけではないことをご了承ください。）

このような現象が起こると、友人やインターネットから知識を得る方は、何が正しい表現で何が間違えている表現かわからなくなってしまいます。

余談になりますが、実際は「ゲイの当事者」なのに「当事者として書いていない場合」だと、炎上に繋がることもあるわけです。それは正しくＬＧＢＴのことを知ってもらうきっかけとしては良いですが、行き過ぎるとＬＧＢＴ当事者と言えない人は「関わることが怖い」という状況を招いてしまいます。やはり多様な性があることが当たり前になる為の、ＬＧＢＴ理解促進はなかなか進まないことになってしまいます。多くの人が「関わりやすい」環境を作る為にも声の響きやすいＬＧＢＴ当事者が正しい表現を使い、またその背景にはどういった要素が隠されているのかを知ることは大切です。

３つ目は、正しく知るという事は、言葉だけではないからです。例えば年齢差に関する違いがその例です。

ＬＧＢＴ当事者の中でも「年齢差による〝常識〟の違い」があります。事件や弾圧のような痛ましい歴史の事だけではなく、日本の社会で声を上げることなく、それでもご自身の性の在り方を認め生きてきたＬＧＢＴの先輩たちは何を感じていたのか、今の若者とどのように異なり、どのような考え方をしてこられたのか。これからの社会を生きていく上でどういう価値観をお持ちなのか、年齢の違い（時代背景の違い）により感じ方はどう違うのか。このようなことを知ることは、ＬＧＢＴ当事者の中でも相互理解をすることができます。

つまり私たちは、言葉や定義以外の知識も、正しい学びの一つだと考えます。そうすると、ＬＧＢＴ当事者でもＬＧＢＴ当事者で無くても、その正しい学びの中で時代背景による違いを知っている人が多くなりますから、仮に「自分から見たら間違っている常識」の場合でも、相手の事情を鑑みて「なぜそのように言ったのか」ということを、正しく受け止め、次に正しく伝えたり訂正したりすることができます。表現を変えれば「どのように伝えたら効果的に相手に伝わるか」を考慮することができるので、「自分はＬＧＢＴ当事者じゃないから（ＬＧＢＴ当事者とは言えないから）関わるのが怖い」と思われる人達にも健全に関わってもらうことができるようになります。そうすることで益々ＬＧＢＴやＳＯＧＩに関する理解は深まり、広がり、結果としてすべての性（すべての人）が安心して住みやすい環境が整うと考えています。

４つ目は、抱える辛さはご自身がＬＧＢＴ当事者であることに起因しているかどうか、見定める必要があるからです。

ＬＧＢＴ当事者の中には、ご自分に起こる不幸やトラブルは、すべてＬＧＢＴであることが理由であり、社会だけで理解が進むことを切望される方がいらっしゃいます。また「ダブルマイノリティ」、「トリプルマイノリティ」とご自身を表現されるように、複雑な事情が絡み合っていることがあります。辛い出来事はすべて「社会のせい」、「相手に理解がないせい」としてしまうと、お互いに理解し合う構図を作り出すことができずに、益々住みやすい環境が遠退いてしまいます。例えば企業や公共施設において「誰でもトイレ」があることはとても重要ですが、「すべてのフロアに用意して欲しい」、「男性の服装のまま女性トイレに入れるようにして欲しい」という要望は、周りの人状況も、会社の経済的状況も鑑みる必要があります。例えば、本来の性別、心で望む性別での出社をする場合、その方ご自身の考える女性像や男性像を周りに押し付けることは、トラブルの原因になりますし、心地よくみんなが暮らせる環境づくりには、相互理解や相互努力それから歩み寄りが必要です。

具体的に、わかりやすい表現をしますと身体の性別が男性の方が、女性の格好で出社している場合、「会社の荷物で、重いものが持てない」、「爪を伸ばして華美なマニキュアを塗りたい」、「お手洗いに行くときに必ずほかの女子社員に一緒に行こうと声をかける」というようなことは、身体の性別が女性で、女性の格好で生きている人は、必ずしもそうではありません。けれども、この例の場合は「私は女性だから、そのようなことはできません」または「私は女性だから、こうします」という主張になります。このように女性だからという理由で、周りの人が偏りを感じる立ち振る舞いをしてしまうと、仮に望まない性別の仕事に対して「強要された」、

「この環境は理解がない」と、結局自分も辛くなってしまいます。他の例をあげますと、ゲイだとカミングアウトしている方が、会社の飲み会で過剰に抱きついたり、性的な話題を出したりして、拒否された場合に「受け入れてくれない」、「差別された」というのは一方的な主張になります。たとえ同性同士でもハラスメントになる可能性もありますし、そういう状況はお互い残念な気持ちになるでしょう。「現実世界の同性愛はエンターテイメントではない」のですから、周りもその様な意識になる振る舞いをしたほうが良いですよね。この2つの例は一部の方の話ですが、お伝えしているように「カミングアウトしている当事者は目立つ」のです。ステレオタイプの一つになり、結果としてLGBT当事者が住みやすい環境が整うことが遅くなりますし、ご自身を苦しめる要因にもなってしまいます。つまり、正しく学ぶことはこのバランスを理解するヒントになるので、「今の悩みはLGBT当事者であることに起因するのか」という視点や「人の資質として、自分の価値観として、何かを変える必要があるのか」という、思考の変化を促すことがしやすくなります。結果として、LGBT当事者自身が生きやすい環境を作ることに繋がります。

未来の話をすれば、この2つの例のような一部の当事者の過剰な振る舞いに対して「そうじゃないよ」、「こうしたほうがいいよ」と、当たり前に突っ込みを入れたり、意見を言えたりする人がいる社会になった時には、LGBT当事者も非当事者も含めて、「LGBTだから」という理由で思い悩む人は、少ない社会になっているのかもしれません。そして健全に突っ込みを入れられる環境にするためには、やはり「自分には関係ない」と思われている方にも、きちんと知っていただきたいことがたくさんあります。

この「ＬＧＢＴ当事者自身も学ぶ必要がある」ということに関しては、まずはベースに周囲の人が正しく知っている必要がありますが、すべての人が心地よく安心できる共生社会の実現のために、今後とても大切な部分になると思っています。また機会があればお伝えしたいと思います。今この課題に直面している方のために、完全に余談になりますが、「ＳＯＧＩカウンセラー講座」でこのあたりも学ぶことができますし、「虹の架け橋クラブ」でも実践しながら継続し学ぶことができます。宣伝のつもりはありません。切実なお声を聞くので、本当に何とかしようと思われている方への情報提供です。どちらもＬＧＢＴ当事者も非当事者もご参加されています。

まとめると、ＬＧＢＴ当事者も学ぶ理由は
〈１〉ＬＧＢＴ（多様な性）が世の中のスタンダードになる為に必要だから
〈２〉正しい発信をすることで、正しい情報が伝わるから

〈3〉ＬＧＢＴ当事者の声は、相手に伝わりやすいから
〈4〉正しい言葉は時代によりことなり、正しい知識は言葉だけではないから
〈5〉性的マジョリティ（ＬＧＢＴ当事者以外）のことを知ることで、相手に伝わりやすい表現ができるようになるから
〈6〉性的マジョリティ（ＬＧＢＴ当事者以外）のこと、性的マイノリティ（ＬＧＢＴ当事者）の両方の知識を持つことで、安心できる共生社会の実現に繋がるから
〈7〉悩みがＬＧＢＴ当事者であることに起因するか見定められると、生きやすくなるから
〈8〉安心できる共生社会実現のためには、すべての性の多角的視点と俯瞰が必要だから

このように、いま挙げた理由だけでも、当事者がきちんと学んでくれる意味は非常に大きいのです。実際にはもっと学んでいただきたい理由を述べることができます。みんなが正しく学び、継続して学びを実践し、尊重し合い、笑顔があふれる調和のとれた社会を作るために、共通認識と理念をもってＬＧＢＴ当事者もそうでない人も、協力し合えたら、人に優しいきっと素敵な社会になると思います。

第5話

ＬＧＢＴ教育の必要性

これまで何度も「正しい知識」という表現を用いてきましたが、それにはいくつかの理由があります。

◇勘違いされるLGBT支援の実情（残念なアライたち）

なぜか非常に多いのが、LGBTの支援をしている自分ってすごい。LGBTを理解をしている私って偉い。というような考え方をしている人です。そして、LGBT当事者でも見受けられますが、当事者ではない方が多いのです。

LGBTの環境の変化が大きく変わったのは、ここ数年の出来事です。LGBTは見えにくい、わかりにくいので、外部の人には「LGBTはそこにいる」のに伝わらず、以前は、本格的な取り組みはもちろん、草の根的活動もなかなか難しい状況でした。

とはいえ、当時から見ても先人たち、諸先輩方が、今の環境を作る努力をしてくださったことは言うまでもありません。そのような変化の時代を迎えたここ数年、「LGBT支援をする私ってすごい。だから吉美さん、あなたを手伝ってあげますよ」、「吉美さんたちはずっと関わっているのだから、そのお手伝いをする僕を支援するのは当然でしょう」、「僕が手伝ってあげるんだから、あなたの経験や知識は無料で教えるべきでしょう」、「僕たちはLGBT当事者で、あなたはやりたくてやっているのだから、犠牲になるのは当然でしょう」という発言が多く、戸惑うばかりです。「べき」という考え方が多くありました。今でも少し残っているようですが、最近ではこういう考え方の人は大分少なくなりました。多様性があることが当たり前であるという考え方が浸透し始め、「マイノリティであることは、必ずしも特別とは限らない」という捉え方になってきたのだと思います。

ですが、２０２１年の今でも「支援してあげるのだから、手伝ってあげるのだから、あなたたちが頑張りなさい。手伝ってあげる私たちの売り上げを上げてください」という方がまだまだいらっしゃいます。ここでいう「手伝ってあげる」は異口同音に「売り上げ（販路）の拡大」もしくはご自身の活動の拡大を望んでいる人たちの声です。安心できる共生社会の実現のために協力する人は、一緒にやりがいを感じてくれている発言をします。同じことをしているのに、その人の生き方が透けて見えるので、面白いなと感じる部分でもあります。

私自身、また私が代表を努める団体においても、企業にメリットがあってこそ、取り組みやすくなると考えています。資本主義社会の構造に乗った仕組みにすることで、マイノリティが「支援」から真に「自立」して社会に当たり前に溶け込めると考えています。ですから、ＬＧＢＴの環境改善のお手伝いをしてくれる人が、売り上げ（販路）の拡大に繋がる一助になれることは、継続的に本格的な取り組みをしてもらうためにも、本来願っていた状況です。また、Ｌ

資格の活用例
～その①～
自分、ＬＧＢＴ当事者
なんですが、
会社でダイバーシティの
部署に移動したくて
一度ちゃんと学ぶのって、
ずっと大切だと思っていたし、
資格があれば有利に
なるかなと考えています。
＜会社（社内）で活用＞

ＧＢＴ当事者にとっては、間接的に快適な環境を作り出すので理想的な一つのカタチです。けれども、考えてみていただきたいのです。ＬＧＢＴに関する取り組みをすることは、自社の社員やお客様を守ることにも繋がりますし、お客様に満足いただける丁寧な接客にも繋がるのです。学校においては生徒児童が自分らしい人生を選択したり、多様性を受け入れて生きる力を育んだり、また少子化の時代に質の高い教育を実施したり、先生には伝えていない同性パートナーの子どもや、戸籍の変更まで選択していないパートナー関係の子どもの家庭環境にまで影響を及ぼすのです。

それは本当に、多様性があることを当たり前とし、共生社会を実現したい私たちのためだけの活動なのでしょうか。関係ないと思っていても、隣人はＬＧＢＴに深い縁のある人かもしれません。一人でも多くの人が、当事者意識をもって正しい知識の習得や、日常での意識改革をしてくださると、支援の枠を超えて、様々な価値を生み、世の中が公平に少しずつ変わってくると思います。また、「手伝ってあげるのだから、無料で教えるべき」、「あなたたちが、手伝ってあげた私たちのために販路を拡大するべき」、そして「好きでやっているのだから犠牲になるべきだ」という考え方についても、依然として残っていますが、今はもう時代が変わり、多くの人が関わりＬＧＢＴの環境も多様化してきています。基礎的なことから、応用的なことまで情報のアップデートは日々行われています。「支援してあげる」という姿勢から、公平で住み続けられるまちづくりのために、働きがいを感じありのままに生きていける社会のために、架け橋となって「一緒に作っていくマインド」へと変化するのを願っています。

◇知識人、当事者にありがちな、私は絶対正しいという思い込み

「ＬＧＢＴ」という表現一つとっても、ＬＧＢＴという表現は間違っていて、ＬＧＢＴＱという表現が「正しい」と考える方々に、２０２０年頃から、頻繁に出会うようになりました。最近はＬＧＢＴＱと表現されることが多いのですが、ＬＧＢＴという表現が間違えているわけではありません。

正しい知識とは、言葉だけが優先されるわけではありません。また、正しいとされる言葉を

使うことは大切ですが、その「正しい」は本当に唯一無二の正解なのでしょうか。また、時代によって正解の定義は変化することもあります。ＬＧＢＴの世界は特に言葉の変容が激しいですので、「これが絶対の正解だ」思い込んでしまわぬように気を付けてください。

例えば、私は2年前まで、ホームページなどで個人の発言としては、レズビアンのことを「ビアンさん」と表現していました。ネット上で「正しく使っていない」と言われることもあったようです。しかし、わざわざ連絡してくる人はいませんでした。

また、時々はあったのですが、仕事での打ち合わせに来た相手先企業の人が、「知人のＬＧＢＴ当事者が、あなたをあまりよく言っていなかったので、ちょっとお話聞かせてください」と、他人がいるところで責められることがありました。なぜか1対1の時は一度もありません。大抵が初対面、または、二度目の打ち合わせの時です。

仕事の場でも？と思うかもしれませんが、ＬＧＢＴの世界はそういうところがあり、特に私は少し前まで「ＬＧＢＴのニュースや映画、雑学、学術的な知識まで、全てにおいて完ぺきに知っているべき、すべてのＬＧＢＴに共感される対応ができないのは、努力が足りないからで、絶対に間違いは許されない」という立場だったと思われており、お会いしたことのない人から責められることも多くありました。しかし、途中からその期待に応《こた》えるをやめました。

私はＬＧＢＴ当事者として活動していないので、「私たちの気持ちは、あなたにはわからない」という意識が根底にあるのだと思います。まさにそのとおりです。恐らく私がレズビアンと言いきっても、バイセクシュアルと言っても、わかるわけがないのです。「当事者だから」、「団体の代表のくせに」と、このように対応してくる人には、私の気持ちも思いも伝わらないでしょう。どのように批判されても、私たちがここまで、時間もお金も労力も費やし、すべてをかけて活動してきたことは事実なのです。

もしかしたら、何とかして欲しいという期待があったのかもしれません。先述したように好きの反対は無関心といいますから、あまり良い気分ではしませんが、「嫌い」という人は、本当は気になっていたのだろうと考えることもできます。そんななか、今回の理由はホームページの「代表の言葉」に「ビアン」と書いてあったことが原因です。

最近はようやく、「わかっていないくせに」と責めてくる人に対して、期待に応えられないからと謝罪するのを止め、「わかるわけありません」と返せるようになりました。ちなみに、私にこれらを言う人のほとんどは特定の性別の人たちでした。性の在り方によって、特性や、傾向のようなものは、あるように思います。そしてそれに付随する内容も…。こういったことは、正しい学びといっても、お伝えすることは難しく、現代においては経験などで培い、よりディープな学びや交流、実践を通じて学んでいただく他ないかと思います。今後様々なエビデンス

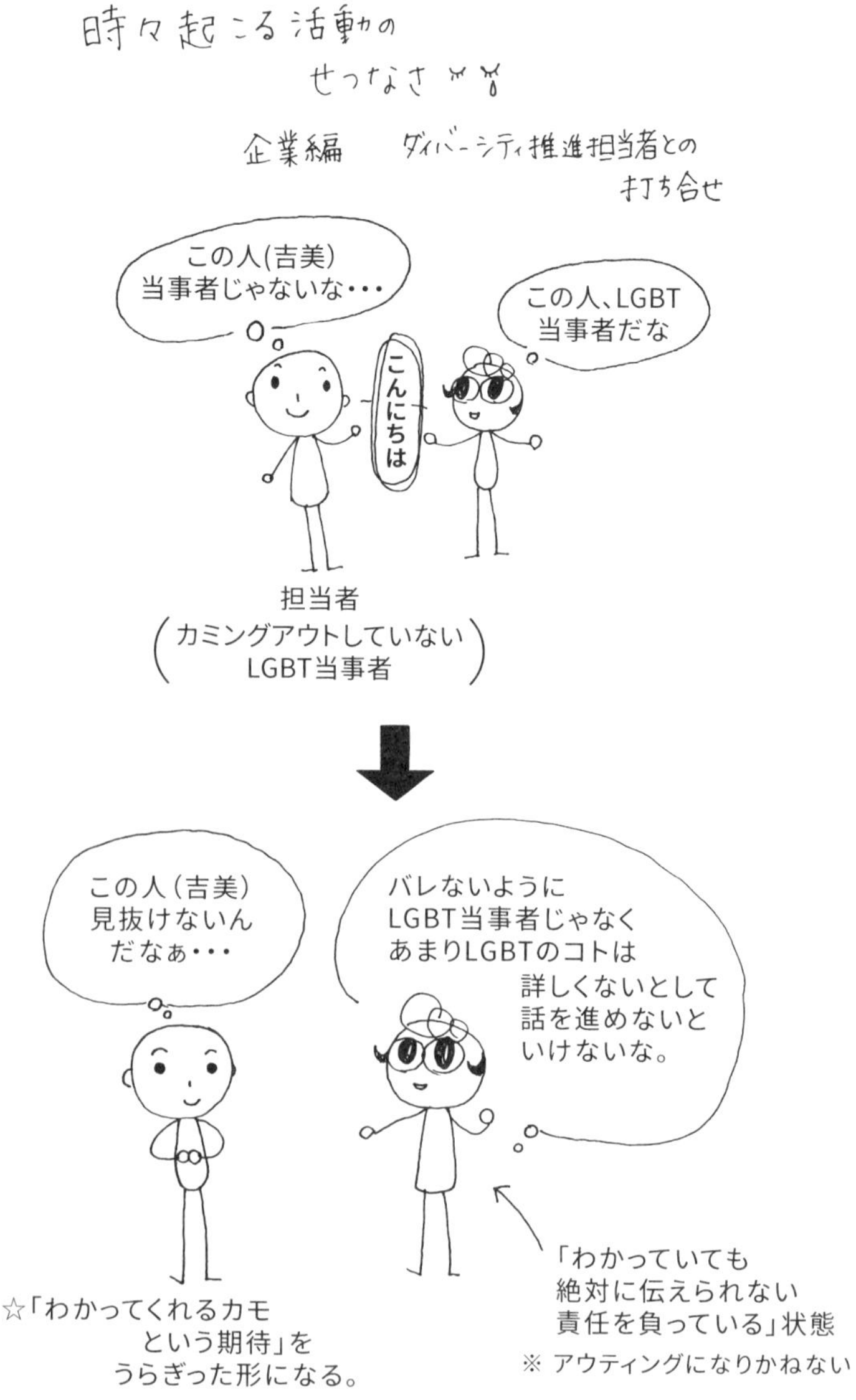
時々起こる活動の
せつなさ
企業編　ダイバーシティ推進担当者との
打ち合せ
この人(吉美)
当事者じゃないな・・・
この人、LGBT
当事者だな
こんにちは
担当者
(カミングアウトしていない
LGBT当事者)
この人(吉美)
見抜けないん
だなぁ・・・
バレないように
LGBT当事者じゃなく
あまりLGBTのコトは
詳しくないとして
話を進めないと
いけないな。
☆「わかってくれるカモ
という期待」を
うらぎった形になる。
「わかっていても
絶対に伝えられない
責任を負っている」状態
※ アウティングになりかねない

を各地で獲得できたときに、今は理解できないことや、感覚に頼っていることが解明されるかもしれません。そして十分なエビデンスや学術的に正しいとされる理論が確立されたとしても、大切なのは「軸となる正しい学び」と「その人、そのものを尊重する」という謙虚で冷静な姿勢ではないでしょうか。

さて、こんな回りくどい言い方をして、この「ビアン」を、なぜ「レズビアン」にしなかったのでしょうか。当たり前ですが「レズビアンが正しい表現」なのはもちろん知っています。しかし、私が実際に会ったレズビアンの方たちは、多くが自分たちを「レズビアン」と呼びたがらなかったですし、「こんな言い方聞いたことないよ」、「レズビアンなんて言っているの、うちら〈レズビアンコミュニティなど〉から遠い人だよね」という声ばかり聞いていたからです。例えば大きな研修や講演会で「〈レズビアン〉と正しく使ってください」と言われると、「あんなの使わないよね」、「誰が考えても、実際誰も使っていない〈レズビアン〉を使うように、どうしてあんなに強く促《うなが》すんだろう」という会話がなされます。中には「生々しい表現で嫌だ」、「なんか疎外感がある」というレズビアンの人もいました。

そんな状況下で、もちろん研修や、ホームページ全体では「レズビアン」と表記しますが、吉美の言葉としては、どうしても「レズビアン」と書けなかったのです。「レズビアン」と書くことで、当事者であるレズビアンの人を傷つけてしまう。不快にしてしまうのではないかと危惧していたからです。

余談になりますが、レズビアンの人に「ビアン」という表現を使っているホームページに関して、文句を言われたことはありません。「団体の代表なのにわかっていないですね」とおっしゃる方は、大手企業のダイバーシティなどの担当者、カミングアウトしているか、していないかはわかりませんが、ＬＧＢＴ当事者の方だけでした。

それは少し、名刺交換をした際に、「アーティストでもないのに、ニックネームで活動するなんて、非常識ですね」という意見に似ているかもしれません。ＬＧＢＴの時代背景を知っていたら絶対に出ない言葉だからです。

また、若い世代の人は、レズビアンコミュニティをそのまま「レズビアンコミュニティ」という場合もあります。ですから、正しく学ぶというのは、「絶対の、唯一無二の正解」を知るのではなく、普遍的な「軸」と、変容していく可能性のあるものや、その考え方、特徴などを知ることと考えています。

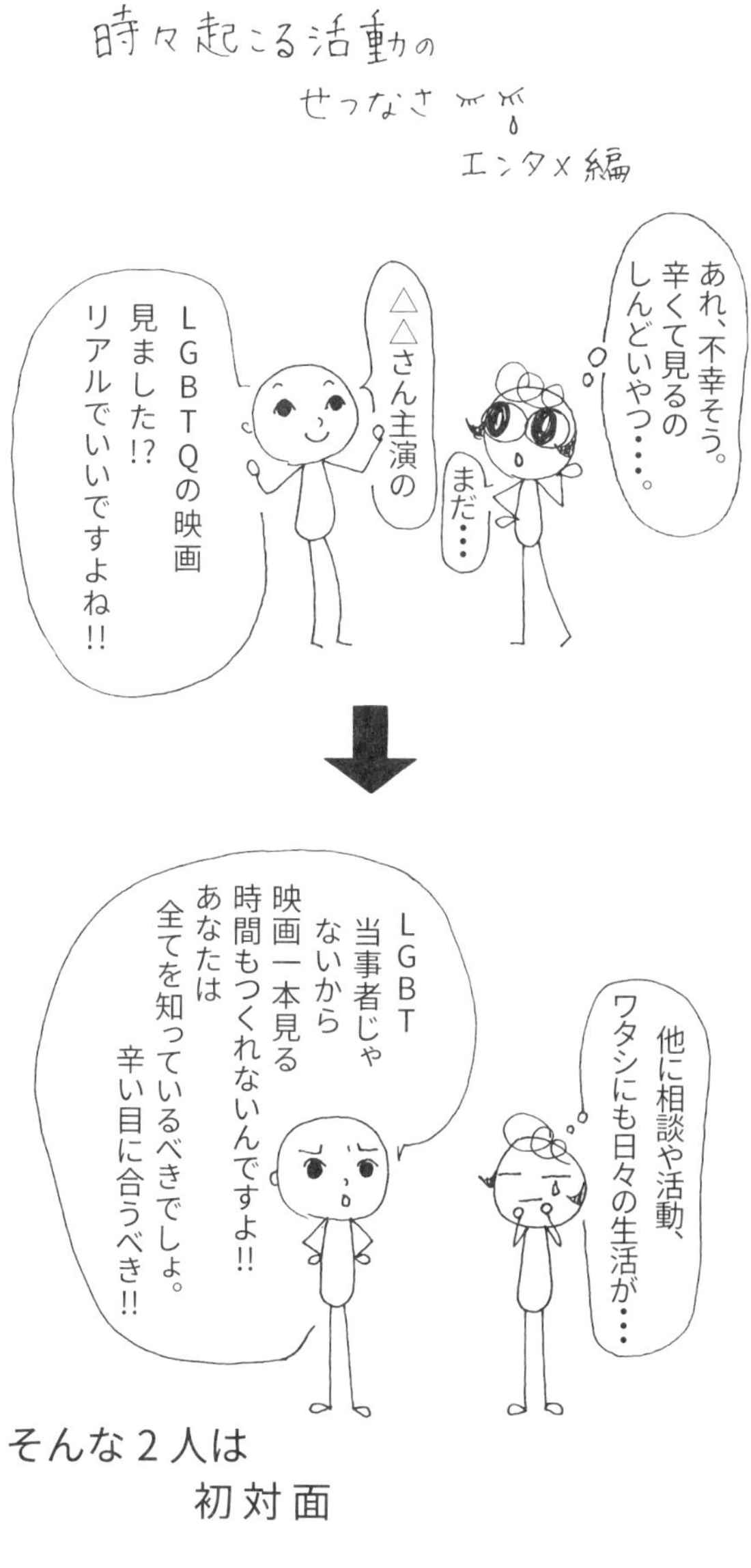
時々起こる活動の
せつなさ
エンタメ編
あれ、不幸そう。辛くて見るのしんどいやつ・・・。
まだ・・・
△△さん主演の
LGBTQの映画見ました!? リアルでいいですよね!!
他に相談や活動、ワタシにも日々の生活が・・・
LGBT当事者じゃないから映画一本見る時間もつくれないんですよ!! あなたは全てを知っているべきでしょ。辛い目に合うべき!!
そんな2人は
初対面

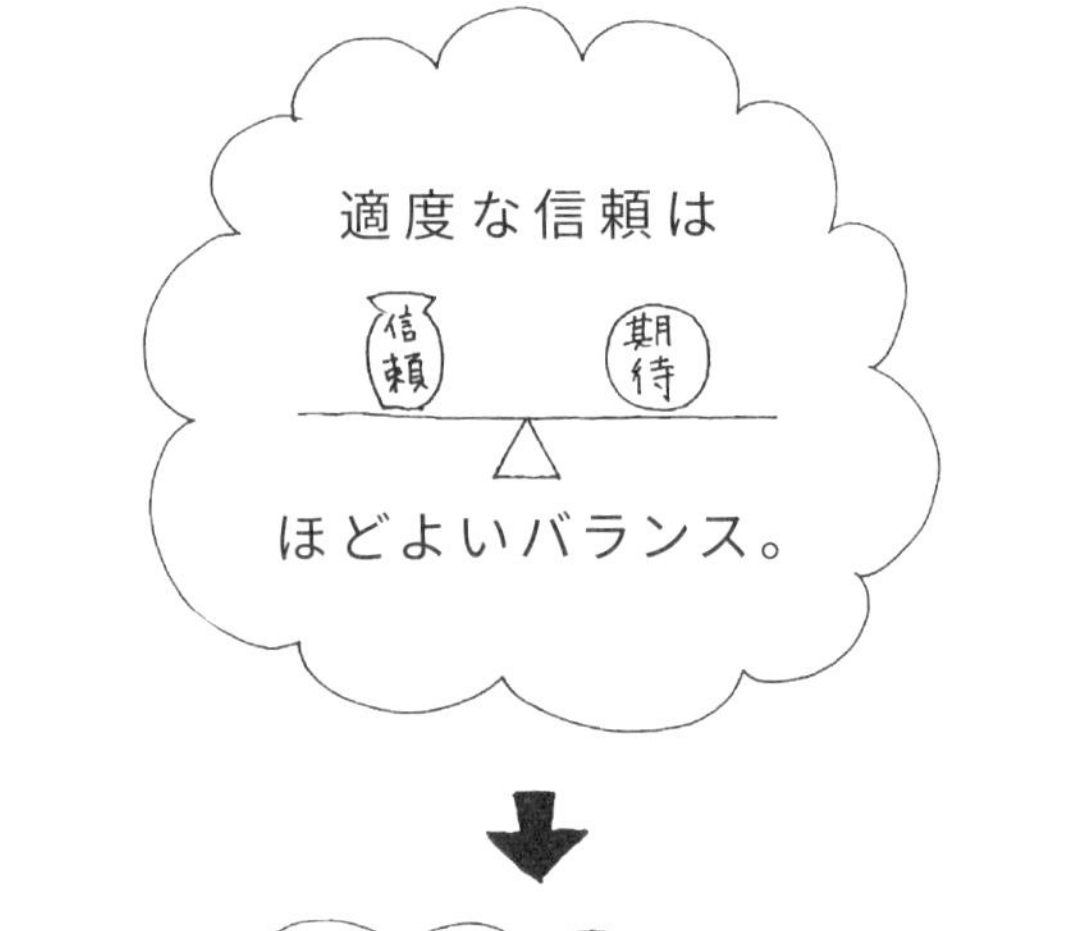
適度な信頼は
信頼
期待
ほどよいバランス。
大きな信頼は
信頼
期待
過剰な期待を生む

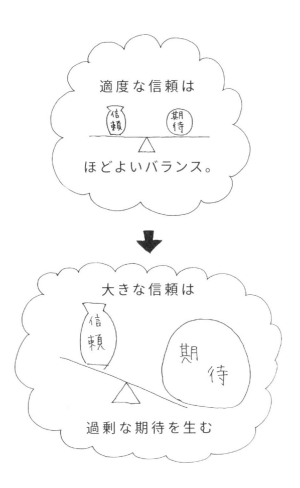

◇9・8％のLGBT当事者

大手広告代理店が、日本では8・9％の人がLGBT当事者だったというアンケート結果を発表しています。これは有名な数字ですので、ご存じの方も多いかと思います。また、私たちの団体では、カミングアウトベースで9・8％という数字が出ています。これはLGBTコミュニティではなく、LGBTとは全く違う集まりや、交流会、イベントなどで起こるカミングアウトの数と、参加者の数から割り出しています。私たちが簡単な講演をしたり、数分プレゼンしたりするだけで、カミングアウトを受けます。それだけ信用してくれているということなので、ありがたいことだなと思います。また、この9・8％には、交流会会場で、恐らく当事者だろうなと、目があったり、会釈をしたりした人からの、帰り際に「いろいろすみません」とか「ありがとうございます」というレベルはカウントしていません。確実に「実は私も…」とそっと伝えてくれた方のみのデータになり、「LGBT当事者として、今この場に実際にいます」と目の前で宣言した人の数と言えます。

時々、もっと低い割合であるとおっしゃる方がいるのですが、それは当事者の方が「カミングアウトをしてもいい」または、「アンケートに真実を答えてもいい」という心理状態ではないからだと思います。「ここなら安心」という、ある一定の信頼があれば、「実は…」と、打ち明

資格の活用例
〜その②〜
夫と子どもがいる、主婦です。
大手企業に勤めています。
資格取得後
社内で管理職しか出られない
研修に参加できたり
講師として呼ばれたりするので
社内・外で有名な
コネクションが
できました。
<会社（社内・外）で活用>

けてくれる人は増えてくるでしょう。そうなると、ますます住みやすい世の中になるかも知れません。

◇他人事ではない、ＬＧＢＴへの理解と環境

学校の環境下では、ＬＧＢＴに対する理解がなく、自分の夢を諦め、進路を変更することになったＨさんの話を紹介します。

Ｈさんは、ＬＧＢＴ当事者ではありません。中学生のときに父親が亡くなり、障がい者の姉と、難病を患っている母親の三人家族です。将来は、母に苦労を掛けたくないと、当時、地元で一番の高校に進学しました。全国でも上位50番以内に入る進学校で、全ての科目で県内一位を占めたそうです。Ｈさんは努力を怠ると授業内容がわからなくなる状況でした。そんな学校生活の中で、あることに気付いたそうです。クラスメ

イトのA君とB君が付き合っていることに。Aはクラスの中心的存在、Bは違うタイプでした。Bは、Hさんが二人の関係に気付いたことを知っていた様子だったそうです。他の誰も知らず、気づかなかったようですが、Hさんは二人がうまくいっている時や、喧嘩をしている時などにもすぐに気づいていたといいます。

ある時、同じ喧嘩でもいつもと空気が違うなと思ったそうです。何日かして、Bが学校に来なくなりました。Hさんは喧嘩が原因で、Aが友人と一緒にBに何かしたような雰囲気を感じ取っていました。でも、どうすることもできず、「付き合っていたのに、Aさんもなんて子どもっぽいことしているんだろう。もっと腹をくくって対応したらいいのに」と、思っていたそうです。

そんなとき、Hさんは授業中に担任から呼び出されました。Hさんは数学が大好きで、数学者になりたいと思っていました。担任は数学の先生でもあります。先生は「最近学校に来ていないB君の家に行った時に、B君が、A君、C君、D君、それからHさん、この4人にいじめられたと言ってきた。」と言ったそうです。

Hさんにとっては寝耳に水、思いも寄らない話で、非常に驚き、困惑したそうです。

そしてここからがHさんにとっては大変な出来事で、「自分は何も知らない」と、どんなに伝えても先生は納得してくれず、B君自身も「Hさんを含めた4人にいじめられた」ということを覆さなかったそうです。Hさんが言うには「Bは俺（Hさん）を巻き込んでいれば、何とかしてくれる。と思っていたと思う。ただ、本当に俺は全く関係なくて巻き込まれただけ」とも言っていました。

それから「AとBが付き合っていて、恋人同士の痴情のもつれが原因とは、どうしても言えなかった。言ったらBがどうなってしまうか。関係ない俺を巻き込むような心情なんだから…。でも、俺も学校へ行くのが途中で嫌になったよ。数学の授業で毎回呼び出されるし、クラスのみんなも変な目で見るし」この話を聞いたときに、本当にそうだと思いました。かなり強いメンタルを持ち冷静で優しいので、Hさん自身は学校に行き続け、BとAのことは明るみにもならなかったけれど、一歩間違えば大問題に発展してしまう事例だと感じます。また、Hさんは続けます。

「本当にBとは関係ないんだし、俺とB、仲良いわけじゃない。顔見しり程度のクラスメイトだし、そもそもAとのことだって確実に知っているわけじゃない。単純な可能性として先生に言えたら、あんなに毎回数学を休まなくて済んだのも確か。かなり数学の成績下がったし、あれから学校の勉強がつまらなくなったなー」とのことでした。結局先生が根負けするまで、約半年間、数学の時間になると必ず、尋問のように呼び出されていたそうです。

これでHさんは、数学者の夢を諦めて、別な道を選択することにしたそうです。Bとは、何

本当の優しさと強さ 自分が悪者でも、アウティングを防ぐ

先生からの嬉しい一言　「お前最高だな。」
先生に言ってほしかった一言
「先生にも、わからないことはある。」先生の常識から外れそうなことも、伝えられると嬉しい。

Yoshimi /

年も会わなかったそうですが、数年前、ＬＧＢＴのイベントで偶然再会し、Ｈさんは心の中で「Ｂはやっぱりあの時Ａと付き合っていたな」と思ったそうです。ＨさんとＢが再開したとき、大人になったＢさんは、何か言いたそうにＨさんの目をしばらく見続けていましたが、ひとことも話しだすことができないＢさんを見かねて、Ｈさんの方から、何事もなかったように「久しぶり」と声をかけ、その後イベントを少し一緒に見て過ごしたそうです。

私が「Ｂさんは謝ったの？」と聞くと「謝らなかった」とのことですが、「でもあの態度を見ると、感謝はしているんだと思う」とも、言っていました。

そんなＨさんとは、日本セクシュアルマイノリティ協会と、CialFrame（シャルフレーム）で特別認定講師を勤める理事の勝呂太尊《すぐろひろたか》のことです。

ここで伝えたかったことは、もし先生にLGBTの正しい知識があり、学校側に何でも話せる環境が整っていたらどうでしょうか。もしくは信頼できる外部相談窓口があったら？

A君も、B君も、また違ったでしょうし、勝呂さんの高校生活も、進路も何もかも違っていたことになったと思います。LGBTの問題は、当事者だけの問題ではありません。今回の勝呂さんの事例は、突っ込みどころ満載なのですが、勝呂さんが良しとしているので、特にいうこともありません。しかし、一歩間違うと大問題になる事例だったと言えます。そして、もしこれが、会社だったらどうでしょうか…。

◇自分らしく生きるために、自分を知る

LGBTやSOGIに関して学ぶことは、自分らしく生きるヒントになります。

LGBTかも知れないと思っている人にはもちろん有効ですし、自分は当事者ではないけれど…と思っている人にも有効です。

SOGIカウンセラーを取得した主婦の方がいます。その方は、今後お仕事でそれを役立てようと思われたそうですが、講座を受講している最中に、「自分は何者か」に気付いたそうで

資格の活用例
～その③～
会社で人事を担当しています。
資格取得後
具体的なとりくみを実施し、SDGsにひもづけたことで、従業員同士の関係性が向上。株主にも良い報告ができています。
<会社で活用>

す。長年疑問だった、夫との関係性において、解決する糸口が見えたそうです。他にも、レズビアンだと思っていてけれど…バイセクシュアルだと思っていたけれど…と、本当に自分がしっくりくる性の在り方が認められると、より自分らしく生きるための大切なアイデンティティになります。これもまた、ＬＧＢＴを理解し、ＳＯＧＩを考える意味、あるいは事態打開のきっかけになります。

◇ノイジーマイノリティ

サイレントマジョリティに対して、ノイジーマイノリティという言葉があります。ＬＧＢＴの世界では、このノイジーマイノリティの声が非常に大きく、また多くのＬＧＢＴ当事者の人は、このノイジーマイノリティの人たちを苦手としています。

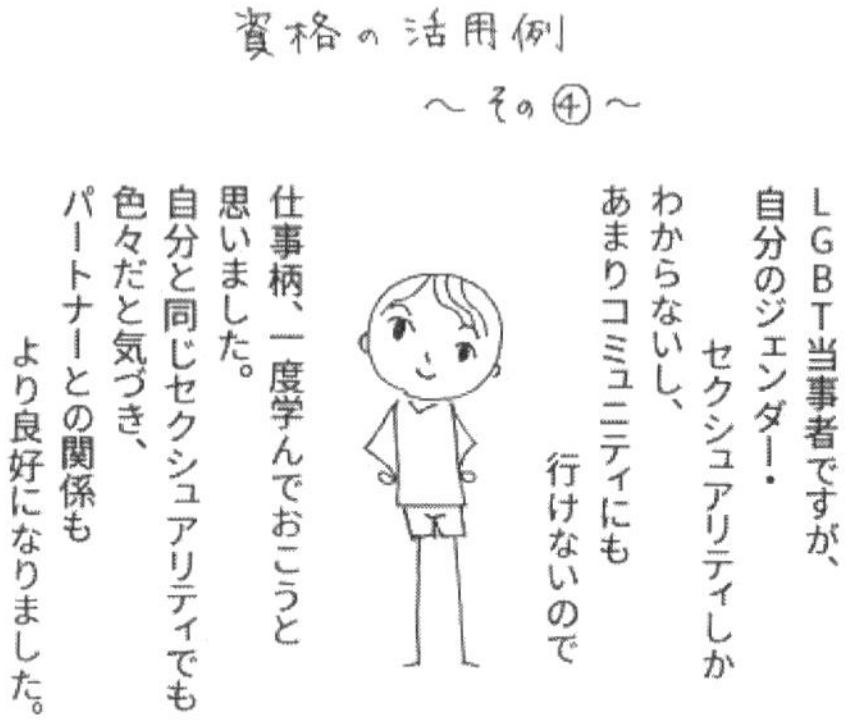
資格の活用例
〜その④〜
LGBT当事者ですが、自分のジェンダー・セクシュアリティしかわからないし、あまりコミュニティにも行けないので
仕事柄、一度学んでおこうと思いました。
自分と同じセクシュアリティでも色々だと気づき、パートナーとの関係もより良好になりました。

<仕事と人間関係に生かす>

サイレントマジョリティ、物言わぬ多数派が、LGBT当事者の多くになります。ノイジーマイノリティ、声高な少数派の意見によって、業界が動いている側面は間違いなくあります。ただ、ノイジーマイノリティの声が大きすぎて、LGBT当事者とそうでない人の間で、中立だった人が離れてしまったり、LGBTとは関わりたくないという当事者がいたりすることも事実です。

ただ、ノイジーマイノリティと活動家を単純に一緒にしてはいけません。そして逆に、活動家の中にも、ただ言いたいだけで、信念や理念があって動いているのではない人もいます。

LGBTに関わるなら、炎上に気を付けて。という研修に出たことがあります。何にしても基本炎上するから、慎重に進めましょうということですが、LGBT基礎理解検定を世の中に出して、4年が経って思うことは、「きちんと取り組む」、「価値のある対応をしている」のであれば、必ずわかってくれる人はいます。だからこそ、こういった部分をしっかり理解するためにも、「正しく学ぶ」というのはとても大切なのです。

◇正しく理解する

これに関しては、今さらな内容ですよね。先日も研修を行った際に正しく学ぶ必要性を伝えたのですが、質問が「まずわかりやすくLGBTのために何かするなら、トイレ問題が最初だと思うのですが…」というものでした。言いたいこともわかりますし、状況によってはそれも必要ですが、何においても正しく学ばない理由はなく、正しく学べば、学校教育がスムーズになる可能背が高いですし、いじめや不登校が減る可能性も十分にあります。お家の人が学べば子育てに役立ち、場合によっては両親の間柄をひとりの人として、もっと理解することができるかもしれません。

企業の社長が学べば新しい方針が見えるとか見えると思いますし、従業員が学べば、働きやすい環境になってくる可能性はすでに様々なところで十分に証明されています。逆に中途半端な学びだと、知ったかぶりになり、信用が落ちてしまします。

ただ、10人に1人はいるLGBT当事者、本当にもう、「知らなかった」という状況だと、今

ニューノーマルな時代に新たな知識で活躍する
SOGI カウンセラー 講座
EeSa!
LGBTQのホントのところ知ってる！？
企業ではLGBTQの取り組みが急速に進んでいます
LGBTQとSOGIの専門家として
社会貢献とビジネスを両立させるチャンスです
SDGsではジェンダー平等を取り入れているね
詳しくは裏面へ
SUSTAINABLE DEVELOPMENT GOALS
私たちは持続可能な開発目標（SDGs）を支援しています。
※本資料では、いわゆる性的マイノリティと呼ばれる方々の総称として「LGBT」や「LGBTQ」という用語を用いて説明しています。

の時代は通用しないと感じます。そしてその学びは「10分の1のため」だけでなく、「残りの10分の9」のためでもあるのです。

◇正しい知識と体験（子どもの場合）

私の子どもの例になりますが、生まれた時からゲイと暮らし、日々Ｌ・Ｇ・Ｂ・Ｔそれから他の様々な性的指向や性自認の人と出会いますし、交流しています。日々様々なＬＧＢＴ当事者と過ごしているうちの子たちは「体験」以外の正しい知識がありません。長男が生まれて約13年。人から言われて気付いたのですが、彼は生まれた時からこの環境なので、日本の子どもで、一番多くそして長く様々なＬＧＢＴ当事者と時間を過ごしてきたと言われるのです。いわば日本のＬＧＢＴネイティブ世代、第一号じゃないでしょうか。そんな子どもたちと、日々との会話では、ＬＧＢＴの人を馬鹿にしたり、特別視したりする言葉は一切出ません。

長男が幼稚園の時に、すごく体の大きないわゆる男の人が、女性の格好をして、みんなで食事に行くことになりました。正直私は、息子が何か失礼なことを言わないかドキドキしていました。

その頃、長男は知らないモノや言葉、目や耳にするものに対して、それから初めて会う人にも「これ何?」「あの人何?」(子どもなので語彙力が乏しく、不適切な表現であることをご理解ください)言うのです。質問の連発です。ですから、一緒に食事に行くLGBTの方に、失礼なことを言わないか心配だったのです。しかし、息子はいつも通り挨拶をし、いつも通りに過ごしていました。好奇心旺盛な時期ですから、過剰にLGBTの方の席に遊びに行かれてもご迷惑になるなとも思っていたのですが、いつのも好奇心旺盛さは鳴りを潜めていました。

また、日ごろテレビを見たり、友人と話したりするときに、不適切な表現をしている場合、特に人に対しては、「あの人何?じゃなくて、あの方、どんな人?って、聞いたほうが良いよ」というような形で、その都度教えてきました。小さな子どもだからと言って、言葉を流してしまうのではなく、その場で教えれば行動の変化も、新しい常識も、子どものなかで生まれると考えているからです。

次男もまた幼稚園の時に同じような場面に遭遇しました。言ってしまえば、次男にとって初めて女性の格好をしている、大きな男の人に会うタイミングです。次男はそれまでにも女性の格好をしている人には会ったことがあっても、皆さん自分の中で完成されていたり、落ち着かれたりしている方ばかりに会っていたので、今回食事に参加されたタイプの人とは違っていました。同じトランスジェンダーでも、まだその方の中でご自身の在り方が定まっていない人は迷いや違和感が漏れ出ていますので、敏感な子どもたちは、見た目ではなく、その人の纏う空気感で違和感を覚えて、「あの人何？」と聞いてしまわないか心配だったのです。けれども長男の時と同じように、いつも通りの次男でした。

息子たちは、日ごろからＬＧＢＴ当事者と過ごし、家族や友人である身近なＬＧＢＴ当事者だけではなく、初めて会う他人（ＬＧＢＴ当事者）とも、たくさん出会う「経験」を常にしています。そしてその体験を通じて保護者から「知識」をもらいます。このような環境だと正しい基礎知識がなくても、自然と「多様な性は、当たり前なこと」と、受け入れられるのだなと感じています。ただし、そういった場面で自信をもって親がこたえられるだけの「知識」、「経験」、「マインド」が必要だと私は考えています。

長男は思春期に差し掛かり、周囲の友人の中にも性の在り方に疑問を持つこともあるかも知れません。私たちが保護者として長男を見ている限り、彼の性自認は男性です。次男の場合は少し女性性が強い部分があるかも知れません。性的指向に関しても、すでに兄弟それぞれの可能性を感じています。

ただ、これだけ自然体でＬＧＢＴが当たり前の環境に育っていても、彼が大人になったときに「ＬＧＢＴについて知っている？」と質問したら、きっと「身近にたくさんいるけど、良く知らない」と答えるでしょう。ある意味「当たり前」とはそういうことなのかも知れません。ですから私は、長男が高校生になったら、ＬＧＢＴ基礎理解検定の上級を受けさせようと思っ

修了証書

LGBT基礎理解検定上級

修了番号：9X99999

協会　太郎　殿

上記の者は、他者を理解しようとする心構えとスキルを多様性理解の礎として、性的マイノリティ及びSOGIの基礎知識を深め、誰もが安心できる社会の架け橋となるべく、LGBT基礎理解検定上級講座の課程を修了したことを証します。

2021年8月31日

特定非営利活動法人
日本セクシュアルマイノリティ協会
EESa! 虹の架け橋クラブ
一般社団法人CialFrame